지구를 살리는
환경 어휘 교과서

지구를 살리는 환경 어휘 교과서

초판 1쇄 펴냄 2024년 8월 9일

지은이 홍명진

펴낸이 고영은 박미숙

펴낸곳 뜨인돌출판(주) | 출판등록 1994.10.11.(제406-251002011000185호)

주소 10881 경기도 파주시 회동길 337-9

홈페이지 www.ddstone.com | 블로그 blog.naver.com/ddstone1994

페이스북 www.facebook.com/ddstone1994 | 인스타그램 @ddstone_books

대표전화 02-337-5252 | 팩스 031-947-5868

편집이사 인영아 | 책임편집 김현정 | 디자인 이기희 이민정

마케팅 오상욱 김정빈 | 경영지원 김은주

ISBN 978-89-5807-016-0 03190

지구를 살리는
환경 어휘
교과서

홍명진

뜨인돌

목차

인 간

활 동

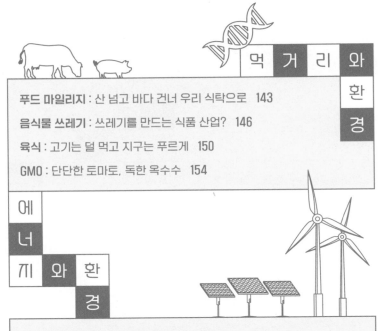

우의견리실

여는 글

우리가 몇 년의 인생을 살았든, 살다 보면 어려움과 문제는 끝없이 생겨나. 학교 성적과 진학이 가장 큰 고민거리일 때도 있고, 이성 친구 문제에 사로잡혀 사는 시기도 찾아오지. 성인이 되면 취업과 결혼 문제를 마주하게 되고. '이 문제만 해결되면 행복해질 거야'라고 생각하지만 사는 동안 문제는 끝도 없이 이어져.

세상 속의 문제들도 마찬가지야. 주제를 바꿔 가며 계속 생겨나. 경제 불평등, 전쟁, 성차별, 정치 갈등, 전염병…. 그리고 지금 2020년대 인류의 가장 뜨거운 문제 중 하나는 환경 문제야. 환경이 온전히 보전되어야 경제도 있고 정치도 있고 인류의 생존과 미래도 지켜질 수 있지.

우리는 자연이 스스로 존재하는, 영원히 계속되는 것이라고 믿어 왔어. 하지만 인간의 활동은 그런 자연의 성질을 바꾸어 놓았지. 지구의 온도와 해수면 높이가 올라가고, 빙하와 만년설이 녹고, 한 번도 경험해 본 적 없는 추위와 더위가 닥치고 있어. 기후 위기로 난기류가 더 자주 발생하고 그로 인해 비행기 안전 사고도 늘고 있다고 해. 우리는 문명 붕괴, 대멸종, 생물 대량 학살 같은 무서운 단어들이 난무하는 시대를 살고 있어.

올해 못 하면 내년에 해도 되는 일이 있어. 하지만 반드시 지금 해결해야 하는 문제도 있지. 환경 문제가 딱 그래. 기후 위기를 막을 시간이 얼마 안 남았다는 것은 모든 과학자들의 공통된 경고야. 기후위기시계에 대해서 들어 본 적 있어? 전 세계 이산화탄소 배출량을 시각적으로 볼 수 있게 만든 시계야. 지구 평균 기온이 산업화 이전(1850~1900년)보다 1.5℃ 상승하는 시점까지 남은 시간을 보여 주지. 지구의 온도가 1.5℃ 상승하면 지구의 평균 온도가 상승하고, 호우와 가뭄이 증가하고, 해양 어획량은 크게 줄어들어. 그리고 생태계의 절반 이상을 상실할 수도 있다고 해. 이런 상황에서 우리는 매일 엄청난 양의 쓰레기를 배출하고, 아무렇지 않게 비행기를 타고, 에어컨을 켜. 우리의 일상이 편리해지는 만큼 우리의 자연과 환경은 아파하고 힘겨워하고 있어.

이 책은 우리가 곰곰이 생각해 보아야 할 다양한 환경 어휘들을 뽑아 구체적으로 설명하고 있어. 환경과 생태에 관한 이야기들은 우리 시대를 보여 주는 중요한 지표야. 정치, 경제, 문화, 소비, 윤리 무엇을 말하든 환경과 생태에 관한 주제를 빼놓을 수 없기 때문이지. 그리고 환경과 생태는 우리의 미래를 결정하는 주제야. 우리의 미래는 어떻게 전개가 될까? 인류는 결국 똘똘 뭉쳐서 기후 위기와 환경 재앙을 막아 내는 데 성공할 수 있을까? 환경에 관한 50개의 어휘들을 함께 살펴보면서 하나씩 깊이 고민하고 자신만의 생각을 정리해 보면 좋겠어.

기 후
변 화

				생	태	계
탄	소	와	이	산	화	탄	소
					1	.	5
			탄	소	중	립	
		탄	소	발	까	국	
		기	후	불	평	등	
기	후	위	기	단	어	공	부

생태계란 살아 있는 유기체 간의 상호작용이 이뤄지는 체계라고 볼 수 있다. 가장 중요한 개념은 자연환경 속 모든 생물이 그물처럼 연계되어 있다는 점이다.

: 모든 생물이 어우러져 사는 집

우리 삶에 필요한 것들은 어디서 오는 걸까? 대형 마트? 백화점? 사실 우리가 먹고 마시고 소비하는 모든 것은 자연으로부터 오는 거야. 자연이 주는 산소와 마실 물이 없다면 우리는 지금 존재할 수도 없어. 곤충들은 수분을 도와 열매가 맺히게 해 주고 새들은 해충을 잡아먹어서 농작물이 잘 자라게 도와주지. 숲은 홍수를 조절하고 강풍을 누그러뜨려서 우리를 안전하게 지켜 줘. 산새 소리와 나무 그늘은 우리 마음을 편안하게 해 주지. 눈에 보이지 않는 박테리아와 미생물들은 생물을 분해해서 에너지를 순환시키는 역할을 해. 이처럼 우리는 하나부터 열까지 자연이 주는 혜택에 의존해 살고 있어.

자연 생태계는 이 모든 서비스를 24시간 공짜로 제공해. 돈으로 따지면 얼마나 될까. 어떤 사람은 자연이 주는 모든 혜택의 가치를 따지면 전 지구인이 매년 생산하는 모든 상품과 서비스 가치의 2배라고 말해. 연간 84조 달러(우리 돈으로 11경 원)라는 이야기도 있어. 이 금액이 얼마나 정확한지는 중요하지 않

아. 자연이 돈으로 따지는 게 무의미할 정도로 소중한 것들을 조건 없이 제공하고 있다는 사실이 중요하지.

'생태계'라는 단어 들어 봤지? 생태계는 자연 환경과 그 안에서 조화를 이루며 사는 모든 동식물과 미생물을 통틀어 말하는 개념이야. 생태학자 아서 탄슬리가 1935년에 만든 개념이지. 생태계의 뜻을 자세히 들여다보자. 생태계는 영어로 에코시스템(Ecosystem)이야. '에코'(Eco)는 '집'이란 뜻의 그리스어에서 온 말이야. 시스템(System)은 서로 연결되어 하나의 체계를 이루는 것을 말해. 그러니까 생태계는 모든 생물들이 연결되어 살아가는 커다란 자연의 집이라고 볼 수 있어. 땅과 습지, 바위, 기후 같은 다채로운 환경 속에 여러 식물이 자라고 동물들이 깃들어 살고 있지. 식물은 땅에 뿌리를 내리고 동물은 그 식물을 먹거나 은신처로 삼아. 곤충과 벌레는 꽃과 식물의 수분을 돕고 꽃이 주는 당분을 마시며 살지. 이렇게 자연 속에서는 모든 존재가 서로 이로움을 주고받으며 의존하고 있어.

생태계는 환경에 따라 크게 육상 생태계, 습지 생태계, 수생 생태계로 구분돼. 북극, 사막, 열대우림, 열대초원 같은 기후 환경에 따라 생물들이 서로 관계 맺으며 무리를 지어 살지. 작은 연못 안에서도 소금쟁이, 장구벌레, 송사리가 한데 모여 생태계를 이루어. 간조 때 바닷물이 괸 웅덩이도 생명체들이 어우러져 살아가는 하나의 생태계야. 흙 한 숟가락에조차 지렁이, 지네, 진드기, 선충, 원생동물 같은 온갖 생명체가 살고 있어.

인류는 오랫동안 이 생태계에 기대어 생존하고 문명을 이뤄 왔어. 스스로를 이 생태계를 지배하는 주인이라고 생각하지. 산을 통째로 밀어 버리거나 바다를 매립해 없애는 식으로 생태계를 파괴하기도 해. 무지막지한 탄소 배출로 대기의 질을 나쁘게 만들었고. 자연 생태계가 망가지면서 인류 문명과 생존까지 위험에 처했다는 경고의 목소리가 나오고 있어.

인류는 이제 새로운 깨달음을 얻고 있어. 지구 전체를 하나의 생태계로 보았을 때 인류도 그 일부라는 사실이지. 지구를 호령하는 포악한 왕이 아니라. 생태계의 구성 요소 중 하나인 인간은 생태계 안에서 태어나 생태계가 제공하는 것을 누리고 그 안에서 죽어 순환이 될 뿐이야. 생태계가 튼튼하면 인간도 건강하고, 생태계가 아프면 인간도 병들게 돼. 정말 끈끈하게 연결되어 있지.

그런데 생태계의 뛰어난 점은 스스로를 치유할 수 있다는 거야. 우리는 종종 '그건 시간이 해결해 줄 거야'라는 표현을 써. 살다 보면 복잡하고 힘든 일이 생기게 돼. 그런데 시간이 흐르면 문제가 말끔히 사라질 때가 있지. 생태계도 똑같아. 오랜 시간 가만히 놔두면 스스로 치료하는 능력을 발휘해서 망가진

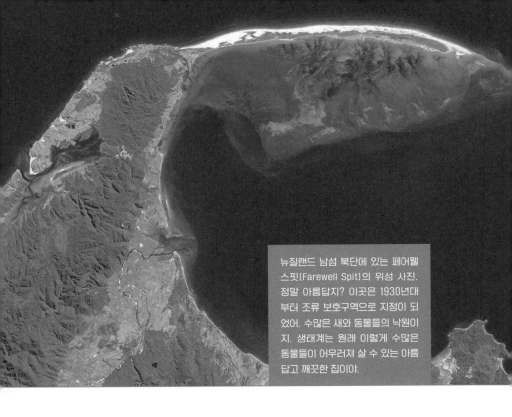

뉴질랜드 남섬 북단에 있는 페어웰 스핏(Farewell Spit)의 위성 사진. 정말 아름답지? 이곳은 1930년대부터 조류 보호구역으로 지정이 되었어. 수많은 새와 동물들의 낙원이지. 생태계는 원래 이렇게 수많은 동물들이 어우러져 살 수 있는 아름답고 깨끗한 집이야.

것을 회복할 수 있어. 코로나가 창궐하던 때를 기억해 봐. 사람들이 모이지 않고, 세계의 공장들이 멈추니까 하늘이 맑아지고 무너졌던 자연환경이 개선됐다는 보고들이 엄청나게 많아. 이렇게 자연을 파괴하는 인간의 활동을 적당히 멈출 때 자연은 회복할 시간과 기회를 얻어. 갈 곳을 잃었던 야생동물들이 보금자리로 돌아와 둥지를 틀고, 새끼를 낳고, 숲이 빽빽해지고, 공기가 다시 파랗고 투명해지기 위해서는 뭔가 하려고 하기보다 하지 않으려는 생각의 전환이 필요해.

| 탄 | 소 | 와 | 이 | 산 | 화 | 탄 | 소 |

탄소 배출은 화석 연료 사용 등의 다양한 이유로 인해 이산화탄소 같은 탄소 기체들이 대기 중으로 배출되는 현상을 말하며, 온실효과 같은 다양한 현상들을 발생시킨다.

: 기후와 생태 위기의 원인

탄소 경제, 탄소 감축, 탄소 중립…. 요즘 뉴스나 책을 보면 온통 탄소 이야기야. 탄소가 뭐길래 눈만 뜨면 탄소 타령인지 궁금할 거야. 우주와 지구를 구성하는 가장 흔한 네 가지 원소는 수소, 산소, 탄소, 질소야. 바다, 대기, 바위, 식물, 흙, 화석 연료 어디에나 탄소가 들어 있어. 지구 문명 자체가 탄소 위에 세워져 있다고 할 수 있지.

탄소는 생명을 좌우하는 중요한 원소야. 우리의 몸은 크게 보면 살, 뼈, 피로 되어 있지만, 원소 단위로 가면 인간과 모든 동물의 몸은 탄소로 되어 있어. 탄소는 지방이나 DNA 같은 생명의 기본 물질을 이루는 원소지. 인간과 연필의 공통점은? 정답은 탄소야. 우리 몸의 12~18%, 연필의 90%가 탄소거든. 우리 몸도, 우리가 먹는 음식과 사용하는 도구들도 탄소로 되어 있는 거야.

우리 몸을 구성하는 탄소는 옛 사람들과 동물, 더 멀리 가면 공룡이나 삼엽충의 몸을 구성하는 탄소였어. 우리가 죽고 나면 우리 몸의 탄소는 분해되어 또 다른 사람과 동물의 몸을 구성하게 되겠지. 같은 탄소 재료를 DNA 설계로 재조합하는 거야. 레고에 비유하면, 같은 블록으로 집을 만들었다가 해체하고 자동차를 만드는 거지. 아니면 찰흙을 빚을 때를 생각해 봐. 같은 찰흙 덩이로 공룡도, 강아지도, 사람도 만들 수 있잖아. 그래서 생명체가 죽는 것은 자연에게서 받은 탄소를 다시 자연에 돌려주는 과정이야. 탄소는 어디에나 있어서 탄소의 순환은 지구 전체 범위에서 이루어져. 바위, 흙, 하늘, 바다, 인간과 모든 생물들 안에 있는 탄소가 끊임없이 순환하는 거지.

우리는 탄소를 태워서 에너지를 얻어. 캠핑을 가면 나무 장작의 탄소를 태워서 따뜻한 열에너지를 얻고 고기도 굽지. 자동차는 석유의 탄소를 태워서 생긴 에너지로 달릴 수 있어. 우리도 사실은 밥과 야채의 탄소를 흡수해 활동에 필요한 에너지를 얻는 거야. 이렇게 탄소(C)를 태우면 공기 중의 산소 2개(O_2)와 결합해 빛과 열을 내면서 이산화탄소(CO_2)가 만들어져. 나무 장작을 태우고, 자동차가 달리고, 동물이 호흡할 때마다 이산화탄소가 뿜어져 나오는 거야. 연료를 태우면 그 안에 있던 탄소(C)가 가스 형태, 그러니까 이산화탄소(CO_2)로 대기 중으로 나오는 거지.

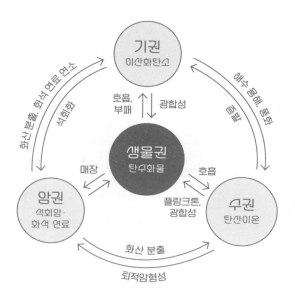

탄소 순환 시스템

공기 중의 이산화탄소는 식물이 자라는 데 꼭 필요해. 식물들은 햇빛을 이용해서 이산화탄소와 물을 결합한 다음 당과 전분 같은 탄수화물과 산소(O)를 만들어 내. 공기 중의 탄소가 포도당이나 탄수화물 같은 영양분을 구성하는 탄소로 형태를 바꾸는 거야. 들소, 사슴, 염소, 토끼는 그 식물을 먹고, 사자와 하이에나는 이 들소와 사슴을 잡아먹지. 동식물이 죽으면 박테리아가 몸을 분해하고 탄소(C)는 다시 이산화탄소(CO_2)로 돌아가서 공기와 흙에 남게 돼.

이산화탄소의 역할은 또 있어. 태양열이 지구에 도달하면 일부는 우주로 반사되고 나머지는 지구에 남아 순환하게 되는데 이것을 온실효과라고 해. 온실효과가 없다면 지구는 꽁꽁 얼었다가 펄펄 끓었다가 하는 끔찍한 곳이 될 거야. 대기권에서 이렇게 지구를 감싸는 담요 같은 온실효과를 만들어 주는 기체가 바로 이산화탄소, 메탄, 아산화질소, 수증기 같은 온실가스야. 온실 가스 중 이산화탄소의 비중이 70% 이상이기 때문에 보통 온실가스라고 할 때 이산화탄소를 가리킬 때가 많지.

이처럼 탄소가 돌고 도는 것은 동식물이 생명을 이어 가고 기후를 조절하는 데 절대적으로 필요한 일이야. 지구의 이산화탄소 농도는 적당했어. 이산화탄소의 일부는 온실효과에 쓰이고 나머지는 바다, 숲, 땅에서 흡수했거든. 그런데 언젠가부터 그 균형과 평형상태가 깨져 버렸어. 왜일까? 이산화탄소가 너무 많이 배출된 것이 가장 큰 문제였어.

지금 우리가 쓰는 석유, 석탄은 수백만 년 전 땅에 묻힌 동식물(탄소)들에서 만들어진 거야. 그래서 '화석 연료'라고 부르지. 19세기 산업혁명이 본격화되면서 인류는 열심히 석탄을 땠어. 20세기 이후 산업화가 전 세계적으로 일어나면서 에너지를 생산하고 공장을 돌리는 데 엄청난 양의 석유, 석탄, 가스를 썼어. 화력발전소는 초 단위로 수백 톤의 이산화탄소를 방출해. 섬유와 플라스틱 등을 만드는 석유화학산업이나 시멘트와 제철공장에서 내뿜는 이산화탄소의 양도 어마어마하지. 차량 엔진은 이산화탄소를 만드는 기계라고 할 수 있어. 이런 식으로 대기에는 자연이 흡수하는 것보다 더 많은 이산화탄소가 쏟아져 나왔어. 대기에 차곡차곡 쌓인 탄소는 지구의 온도를 서서히 높였어. 기후 변화가 시작된 거야. 그러다가 적절하게 돌고 돌던 탄소 순환 시스템이 균형을 잃고 고장 나 버렸어.

산업혁명 초기의 모습을 그린 그림이야. 마을 곳곳에 석탄이 쌓여 있고 굴뚝에서 매연이 나오는 게 보이지? 편리하고 효율적인 세상이 시작됐지만 이것이 어떤 영향을 미칠지에 대해서는 고민하지 못했어.

세계는 2015년 프랑스 파리에서 열린 유엔회의에서 기후 변화로 인한 지구 온도 상승을 산업화 이전 대비 1.5℃로 제한하기로 합의했다. 이 목표는 전 세계가 기후 위기를 인지하는 변곡점이 됐다.

: 지구의 미래가 달린 숫자

요즘 별 본 적 있어? 맨 눈으로 선명한 모습의 별을 보는 건 꽤 어려워. 달이 뜨지 않아 어두운 밤, 제주의 한라산이나 오름에 올라가야 하늘에 빽빽하게 들어찬 별을 볼 수 있어. 빛 공해가 없는 몽골이나 남태평양 섬들도 별을 보기에 좋지. 그런데 30년 전만 해도 서울의 밤하늘에서 제법 많은 별을 볼 수 있었어. 지금은 상상하기 어려운 일이지.

이 모든 게 이산화탄소 때문이야. 이산화탄소 농도가 지금처럼 높았던 때는 400만 년 전이었다고 해. 그렇게 오랫동안 끄떡없던 자연 환경을 바꾸어 놓은 건 인간의 활동이야. 그것도 산업혁명 이후 170여 년 정도의 짧은 시간 동안 일어난 일이지.

170년 동안 온실가스가 늘어나면서 지구 평균 온도는 1.1℃ 올랐어. 1.1℃는 날씨가 잠시 더워졌다는 뜻이 아니야. 기후가 영구적으로 바뀌었다는 뜻이지. 겨우 1℃라고? 사람도 체온이 1℃ 오르면 몸에 문제가 생겼다는 의미지. 특히 아기 때 앓는 열병은 엄마아빠의 근심거리야. 날이 밝도록 아기의 몸을 닦아 주고 해열제를 먹여서 열을 떨어뜨리려 애쓰지. 지구의 온도가 1℃ 올랐다는 것은 뭔가 크게 잘못되었다는 뜻이야. 지구 생태계 전체에 병이 났고 위기가 닥쳤다는 뜻이지.

1.5℃의 위험성에 우려를 표하는 환경 시위의 장면이야. 정말 얼마 남지 않았어.

지구의 기온이 올라가는 것을 이전에는 '지구 온난화'라고 했지만 이제 '기후 변화'라는 말을 써. 이렇게 심각한 위기를 단순히 '변화'라는 말로 담기에 충분하지 않아서 '기후 위기'라는 말을 쓰기도 해. '지구 가열화'라고 써야 한다는 목소리도 높아지고 있어.

2015년 유엔기후변화협약에서 전 세계 국가들은 파리협정을 체결하고 새로운 목표를 세웠어. 지구 평균 기온 상승을 1800

년대 산업화 이전을 기준으로 1.5℃에서 묶어 두는 것이지. 산업화 이후 이미 1.1℃가 올랐으니까 이제 0.4℃ 남았어. 과연 우리는 지구의 온도 상승을 멈추게 할 수 있을까?

지구 평균 기온 상승 시나리오별 기후 변화			
지구 평균 기온	현재 (+1.1℃)	+1.5℃	+2℃	+4℃
최고 기온	+1.2℃	+1.9℃	+2.6℃	+5.1℃
극한 기온 발생 빈도	4.8배	8.6배	13.9배	39.2배
가뭄	2배	2.4배	3.1배	5.1배
강수량	1.3배	1.5배	1.8배	2.8배
강설량	-1%	-5%	-9%	-25%
태풍 강도	-	+10%	+13%	+30%

출처 : IPCC 제6차 평가보고서
기준 : 1850~1900년 대비

전문가들의 예상은 부정적이야. 기후 변화에 관한 정부간 협의체(IPCC)는 2040년 안에 1.5℃를 넘을 것으로 예상하고 있어. 이전에는 2050년 정도에 넘을 거라고 했는데 10년 앞당겨졌어. 유엔환경계획(UNEP)의 전망도 다르지 않아. 21세기 말이 되면 2.8℃까지 오를 것으로 보고 있어.

1.5℃로 지구 온도 상승을 묶어 두는 건 쉬운 일이 아니야. 사람도 큰 병에 걸리면 술, 담배 끊고 운동하고 몸에 좋은 음식 골라 먹으면서 생활 습관을 철저히 바꿔야 해. 지구 기온 상승을 막는 것도 엄청난 노력이 필요한 일이야. 탄소 배출을 지금처럼 찔끔찔끔 줄이는 것으로 충분하지 않아. 산업과 우리 삶의 방식까지 송두리째 바꾸어야 해. 에너지, 산업, 교통, 경제 등 모든 분야에서 변화가 필요하지. 당장 내일부터 전 세계 석탄 화력 발전소 가동을 중단할 수는 없겠지만, 어느 정도의 각오는 되어 있어야 기후 위기를 막을 수 있을 거야.

1.5℃는 인류가 처한 위기를 나타내는 중요한 숫자가 되었어. IPCC의 예상대로 곧 1.5℃가 넘어간다면 어떻게 될까? 우리가 알던 지구, 익숙하고 편안하던 지구는 온데간데없고 전혀 다른 지구를 마주하게 될 거야. 그리고 지금껏 경험하지 못한 기상천외한 재난들을 겪게 되겠지.

대기 중 온실가스 농도 증가를 막기 위해 인간 활동에 의한 배출량을 감소시키고, 흡수량을 증대하여 순배출량이 '0'이 되게 하는 것을 탄소 중립 혹은 '넷제로'(Net-Zero)라고 한다.

: 탄소 배출을 0으로

지구 평균 기온 상승을 1.5℃에 묶어 두려면 탄소 배출을 줄이는 방법밖에 없어. 그렇다면 얼마나 줄여야 할까? 숲, 호수, 바다 같은 자연은 탄소를 흡수하는 능력이 있어. 그래서 지구에 필요한 적당량의 탄소가 유지돼. 그런데 앞에서 이야기했듯이 인간 활동으로 배출한 온실가스가 지나치게 많아졌어. 자연이 흡수할 수 있는 것보다 더 배출하고 있지. 이 문제를 해결하는 방법은 탄소를 자연이 흡수할 수 있을 만큼만 배출하는 거야.

탄소 중립은 온실가스를 배출한 만큼 다시 흡수해서 0으로 만든다는 의미야. 이것을 아빠의 월급에 비유해 보자. 월급 300만 원을 받는 아빠가 지출은 500만 원씩 하고 있어. 미래의 월급과 집을 담보로 은행 빚을 내고 이웃과 친지들에게서 빚을 끌어다 쓰는 상황이야. 파산이 코앞이지. 탄소 배출도 마찬가지야. 지금의 탄소 배출량은 지구가 버틸 수 있는 한계를 훌쩍 뛰어넘어 자연이 파산할 지경인 거야.

아빠는 지출을 줄여서 300만 원만 쓰는 생활로 돌아와야 해. 이제 소득에서 지출을 빼면 0이 되는 거야. 아직 저축할 돈은 없겠지만, 일단 빚은 늘어나지 않게 돼. 탄소 중립의 목표도 마찬가지야. 탄소 배출과 흡수의 균형을 맞추어 0으로 만들면 탄소 배출량이 더 늘지 않게 돼.

전 세계적으로 연간 탄소 배출량은 590억 톤 정도야. 이 중에서 자연이 흡수할 수 있는 양이 190억 톤 정도라고 가정해 보자. 그러면 나머지 400억 톤을 줄여야 해. 이렇게 줄이는 것이 가능하다면 전 세계는 탄소를 190억 톤을 배출하고 자연이 이것을 모조리 흡수해 결국 탄소 배출은 0이 되는 거야.

산업 선진국들을 중심으로 탄소 중립이 국가의 중심 정책이 되어 가고 있어. 온실가스 7대 방출국(2020년)은 중국, 미국, 인도, 유럽연합, 인도네시아, 러시아, 브라질이야. 이들이 전체 방출량의 50%를 차지하고 있어. 한국을 포함한 G20으로 범위를 넓히면 75%까지 늘어나. 지구 탄소 중립의 성공이 산업 선진국들에게 달려 있는 이유지.

유럽연합(EU)은 2018년 탄소 중립을 선언했어. 일단 2030년까지 온실가스 방출량을 절반 가까이 줄인 다음 2050년에 제로(0)로 만드는 게 목표야. 각 도시들도 도시 차원의 탄소 중립 목표를 만들어서 노력하는 중이야. 뉴욕, 런던, 베를린, 암스테르담, 도쿄, 마드리드 같은 도시는 실제로 탄소 배출량을 줄이기 시작했어. 2020년 한국, 중국, 일본도 탄소 중립을 선언했어. 그런데 우리나라는 계획만 있고 실천은 아직 많이 부족한 상태야.

탄소 중립은 만만치 않은 목표야. 2020년 코로나 팬데믹으로 전 세계가 멈췄어. 공장의 기계도 멈추고 비행기나 자동차 운행도 눈에 띄게 줄었지. 하늘이 맑고 파랗게 바뀐 것을 느낄 수 있을 정도였어. 하지만 전 세계 온실가스 배출은 고작 6% 줄어들었어. 탄소 배출 0이 얼마나 어려운 목표인지 알 수 있는 대목이지. 하지만 아무리 어려워도 꼭 해내야 하는 목표인 것은 분명해.

탄소 중립의 핵심은 화석 연료 사용을 중단하는 거야. 이제 석탄과 석유 에너지에 의존하던 시대에 마침표를 찍어야 해. 또 탄소 최대 배출 산업인 석유화학, 정유, 시멘트, 철강 같은 분야에서도 변화가 필요해. 당장 화석 연료 사용을 중단해야 한다고 주장하는 목소리도 많아. 하지만 그러기엔 현실적인 제약이 너무 많아. 현재로서는 화석 연료와 서서히 멀어지다가 마침내 영영 이별하는 게 목표야. 하지만 2050년까지라면 많은 시간이 주어진 건 아니야.

탄소 중립을 달성하기 위한 또 다른 방법은 자연의 탄소 흡수 능력을 높이는 거야. 그러기 위해선 자연을 파괴하는 개발을 멈추고 숲과 습지를 보존해야 하지. 자연을 그대로 놔두기만 한다면 자연이 알아서 스스로 치유하기 마련이야. 탄소 중립을 위해 가장 확실하고 오래 효과를 볼 수 있는 방법이지.

순천만의 전경. 람사르 협약은 자연 자원과 서식지의 보전 및 현명한 이용에 관한 최초의 국제협약이야. 순천만도 람사르 협약에 등재된 습지야. 습지를 보호하고 보존하는 건 탄소 중립을 이루는 데 정말 중요한 일이야.

탄	소	발	까	국

탄소발자국(carbon footprint)은 활동, 제품, 회사 또는 국가가 대기에 추가하는 온실가스의 총량을 비교할 수 있게 해 주는 계산된 값 또는 지수이다.

: 공룡 발까국 vs. 벼룩 발까국

'탄소 배출' 하면 가장 먼저 떠오르는 게 뭘까? 난 공장 굴뚝의 매캐한 연기와 자동차 배기가스가 생각나. 그런데 사실은 우리가 먹고 쓰는 모든 것이 탄소 배출과 관련이 있어. 탄소발자국이란 우리가 상품을 생산하고 운송하고 소비하고 쓰레기를 버리면서 생기는 온실가스의 양을 말해. 자연과 생태를 위해 뭔가 좋은 일을 하고 싶다면 흔적을 남기지 않는 것이 가장 중요해. 하지만 우리는 끊임없이 발자국을 남기면서 살고 있어.

일상생활 속에서 우리는 끊임없이 이산화탄소를 뿜어 대고 있어. 거실에 불을 켜고 TV를 보고 인터넷을 쓰고 밥을 먹고 차를 타고 옷과 가방을 사는 모든 생활이 이산화탄소를 배출하는 과정이야. 탄소발자국의 많은 부분은 우리의 소비와 관련이 있어. 우리가 어디에 돈을 쓰는지에 따라 탄소 배출량이 달라지지.

탄소발자국의 양을 측정하는 기준이 있어. 예를 들어, 치즈버거 1개는 2.5kg, 바나나 1개는 80g, 백열전구 1개를 1년 동안 켜 두면 500kg의 탄소를 배출하게 돼. 이런 숫자를 보면 우리

일상에서 무엇이 환경에 이롭고 또 해가 되는지 따져 볼 수 있어. 어떤 감자칩 제조사는 과자 봉지에 '이산화탄소 75g'이라고 표시하기도 해. 제품 생산 과정에서 발생한 온실가스의 양을 소비자들이 알 수 있게 한 거야.

탄소발자국이 높은 과일 중 하나가 아보카도야. 버터처럼 부드럽고 고소한 과일이면서 건강식으로도 인기가 많지. 우리나라에서 소비하는 아보카도는 미국과 멕시코에서 전량 수입돼. 그런데 아보카도 세 알을 수확하기 위해서는 물 1,000ℓ가 필요하다고 해. 생산과 포장 과정에서도 탄소가 배출되지만 오랜 운송 과정에서도 탄소를 많이 배출해. 아보카도의 인기가 높아지자 멕시코의 광대한 숲이 아보카도 경작지로 바뀌는 안타까운 일도 생겨나. 그래서 환경을 생각하는 사람들 중에는 아보카도를 먹지 않는 경우도 있지.

아보카도를 먹지 않는 것이 기후 변화의 직접적인 해결책이 될 수는 없을 거야. 하지만 환경에 이로운 생활 습관을 기른다는 점에서 중요해. 환경을 위해 아보카도를 안 먹겠다고 결심한다면, 쓰레기를 강에 버리거나 몇 번 입지도 않을 옷을 마구 사들이진 않을 거야.

그린피스의 기사에 의하면 우리가 신경 써야 할 발자국이 탄소발자국만 있는 건 아니야. 물발자국(Water Footprint)도 잘

NEWS

아보카도의 진실

멕시코는 아보카도의 세계적인 생산국이자 수출국으로서, 미국에서 소비되는 아보카도 5개 중 4개를 수출하며 매년 30억 달러어치의 물량을 제공합니다. 2000년 이후 미국의 아보카도 소비량은 세 배나 증가했고, 이는 적극적인 마케팅의 결과입니다. 2023년 슈퍼볼 광고에서는 이브가 에덴 동산에서 아보카도를 들고 있었고, "아보카도는 모든 것을 더 좋게 만든다"는 슬로건을 내세웠습니다.

그러나 폭발적인 국제 수요로 인해 멕시코 미추아칸과 할리스코의 삼림이 파괴되고 있습니다. 이 두 주는 미국으로 수출되는 멕시코 아보카도의 전량을 생산하는 곳입니다. 아보카도 생산자들은 엄청난 양의 물을 사용하며, 대부분 불법으로 물을 채취합니다. 삼림 파괴와 수자원 채취는 심각한 물 부족을 야기하고 산사태와 홍수 위험을 증가시키고 있습니다.

멕시코 당국은 이를 막지 못하고 있습니다. 주요 수입업체와 소매업체는 삼림이 파괴된 땅에서 생산된 아보카도를 판매하고 있습니다. 미국 정부는 기후 변화에 대한 오래된 약속에도 불구하고 이를 무시하고 있습니다.

- 〈Climate Rights International〉 2023.11.13

살펴봐야 해. 1kg 기준으로 닭고기는 435ℓ, 돼지고기는 5,988ℓ, 양고기는 10,412ℓ를 소모한대. 육류나 낙농업 관련된 식재료나 음식은 대체로 탄소발자국과 물발자국 모두 큰 편이야.

BP 같은 영국의 세계적인 정유 회사도 탄소발자국 캠페인에 나서고 있어. 하지만 이것을 부정적으로 보는 시선도 있어. 기후 변화의 책임이 거대한 정유 회사가 아니라 개인에게 있는 것처럼 홍보한다는 거야. 각 개인들이 탄소발자국을 의식하며 기후 위기를 막기 위해 노력해야 하는 건 맞아. 하지만 그렇다고 해서 거대한 산업이 만들어 낸 부정적인 결과를 개인의 책임으로만 돌려서는 안 돼. 화석 연료 사용을 멈추고 에너지 정책을 전환하는 건 개인보다는 국가와 거대 기업의 책임이 훨씬 더 크기 때문이야.

탄소발자국의 크기는 개인마다, 나라마다 달라. 거대 공룡 발자국(중국, 미국)부터 병아리, 개미, 벼룩 발자국까지 다양하게 찍혀 있어. 나라마다 산업 발전의 정도, 생산과 소비 수준이 다르기 때문이야. 또 개인마다 생활 방식도 다르지. 비행기를 밥 먹듯이 타는 사람도 있고 신발도 없이 다니는 사람도 있지. 그러니 기후 변화를 놓고 저마다 책임져야 하는 범위와 크기도 각각 달라. 지금부터는 이러한 기후 불평등에 대해서 알아보자.

기후 위기를 초래한 집단이 아닌, 책임이 적은 집단이 기후 위기로 인해 더 큰 피해를 보는 상황을 일컫는다.

: 다 같이 먹은 치킨 값을 나만 더 내라고?

친구 다섯 명이 모여 치킨 한 마리를 먹었다고 해 보자. 두 명이 다리와 맛있는 부위를 골라 먹었고 다른 두 명이 남은 것을 해치웠지. 마지막 한 명은 목뼈 하나를 먹고 입맛만 다셨어. 근데 치킨 값 2만 원 중 1만 오천 원을 목뼈만 먹은 친구가 낸 거야. 생각만 해도 억울한 상황이야.

오늘날 기후 변화의 현실이 그래. 기후 변화를 일으킨 책임의 크기는 각자 다른데 그 악영향은 고르게 다 받고 있지. 이것을 기후 불평등이라고 해. 미국의 예를 들면 가난한 50%의 인구가 1인당 배출하는 이산화탄소는 10톤인데 반해 부유한 인구 10%는 75톤을 배출해. 생활 방식이나 상품을 소비하는 수준이 다르기 때문이야. 하지만 기후 위기로 생긴 자연 재해의 피해는 가난한 사람들이 더 심하게 입지. 그래서 이들을 '기후 약자'라고 부르기도 해. 이런 기후 불평등의 문제는 세대 사이에서도 생겨나. 미래 세대는 이전 세대가 일으킨 환경 문제의 결과를 고스란히 감당해야 하지.

기후 불평등은 국가 사이에서도 나타나. 파파야와 옥수수를 재배하고 참치와 가자미를 잡는 나라가 있어. 강철, 자동차, 비행기, 반도체를 생산하는 나라도 있고. 누가 더 기후 변화에 책임이 큰지는 말하지 않아도 알겠지? 중국은 전 세계 탄소 배출량의 30%를 차지하고 있어. 말라위는 0.01%도 안 되지. 그런데 두 나라에 같은 무게의 책임을 물을 수는 없어. '차별 있는 책임'이 필요한 이유지.

이번에는 '지구행복지수'(Happy Planet Index)에서 발표한 1인당 탄소 배출량(2021년)을 살펴볼게. 미국, 호주, 캐나다가 모두 17톤을 넘고 산유국인 쿠웨이트, 카타르는 20톤을 넘어. 한국도 14톤으로 높은 편이야. 아프리카 국가들의 경우 비교도 되지 않게 낮아. 잠비아 2.23톤, 콩고민주공화국 1.84톤, 르완다 0.7톤, 에티오피아 0.2톤.

이러한 불평등 때문에 기후는 정의와 윤리에 관한 문제가 되었어. 기후 변화의 결정적 원인은 유럽과 미국 등 산업 선진국들이 지난 150년간 뿜어 낸 온실가스야. 이것을 기후 변화의 '역사적 책임'이라고 부르기도 해. 최근에는 중국이 고도 성장을 하면서 전 세계 온실가스 배출량의 3분의 1을 차지하고 있어. 산업 강국들은 온실가스를 무지막지하게 배출하면서 경제발전을 이루고 안락한 삶을 누려 왔어. 공장도 없고 차도 많지 않은 나라들은 기후 위기의 책임이 아주 미미하지. 하지만 피해는 더 많이 보고 있어.

"기후 변화로 가장 먼저 고통 받고 최악의 피해를 당하는 건 가난한 사람들이다." 유엔 사무총장 안토니오 구테흐스의 말이야. 기후 변화로 생긴 허리케인, 폭염, 가뭄, 홍수는 전 세계인에게 닥친 문제야. 지구를 떠나지 않고는 그 영향에서 벗어날 방법이 없어. 그런데 가난한 나라는 지리적으로 홍수나 쓰나미에 취약한 경우가 많아. 또 이런 나라일수록 기후 변화에 대응할 기술이나 자원이 부족하지.

유엔 재난위험경감사무국(UNDDR)은 매년 자연 재해와 관련된 이슈를 다루는 보고서를 발간하고 있어. 2023년 보고서에서는 "극심한 이상 기후의 약 75%가 현재 탄소 배출로 인한 기후 변화와 관련돼 있다"는 연구 결과를 소개하면서, 앞으로 "2030년까지 전 세계는 연간 약 560건, 하루 평균 약 1.5건의 심각한 재해에 직면할 것"이라고 전망했어. 또한 "2030년까지 기후 변화와 재해의 영향으로 약 3,760만 명이 추가로 극심한 빈곤 상태에 놓이게 될 것"이라며 "최악의 경우 그 규모는 1억 700만 명까지 늘어날 수 있다"고도 경고했어.

2022년 파키스탄은 국토의 3분의 1이 잠기는 최악의 홍수를 겪었어. 2천 명 가까이 되는 사람이 사망했고 200만 채의 주

2019년 9월 2일 호주 남동부 지방에서 발생해 2020년 2월 13일 진화된 대규모 산불을 기억해? 호주 산불의 주된 원인은 지구 온난화로 인한 고온 현상과 돌풍이라고 해. 이 사진은 산불 지역에서 구조된 캥거루와 코알라들이야. 이 산불 이후 뉴사우스웨일스주의 북부 해안 6곳에서 코알라 개체 수가 71% 감소했대. 정말 슬픈 일이야.

택과 시설이 파괴되었어. 2020년에도 폭우로 1천 명 이상 사망하고 주택 100만 채가 파괴된 재난을 겪었는데 2년 만에 같은 일이 벌어진 거야. 이 홍수의 원인으로 기후 변화가 지목됐어.

이 장을 시작할 때 제대로 먹지도 못한 치킨 값을 억울하게 더 낸 친구 이야기를 했지. 파키스탄이 배출하는 온실가스는 전세계 배출량의 1%도 채 되지 않아. 하지만 기후 변화의 비용은 누구보다 많이 냈어. 자연 재해의 피해를 복구하느라 엄청난 돈을 써야 했던 거지. "우리가 겪는 고통은 우리 잘못이 아니다." 파키스탄 총리는 이렇게 호소했어.

기후 변화로 가장 큰 피해를 겪고 있는 사람들이 가장 책임이 없고, 또 이 문제를 해결할 자원이 가장 적은 이들이라면 해답은 간단해. 가장 많은 책임을 지고 있으면서 해결할 수단과 자원을 더 가진 쪽에서 나서는 거지. 예를 들면 선진국들은 기후 변화에 맞서기 위한 기금을 개발도상국에 지원하거나 기술 지원을 할 수 있어. 유럽과 선진 산업국은 빠르게 재생 에너지로 전환하고 있어. 기후 위기는 전 지구적인 문제야. 기후 재난을 당한 국가들을 돕고 함께 위기를 해결해야만 해.

기	후	위	기	단	어	공	부

: 되먹임 효과, 회복탄력성, 티핑포인트, 불가역성

기후 위기를 이야기할 때 과학자들이 자주 쓰는 단어들이 있어. 그중에서도 가장 중요한 네 가지 단어를 뽑아 봤어. 기후 위기가 심각해지면서 점점 자주, 익숙하게 듣게 되는 말들이야. 꼭 알아 두어야 할 개념들이니까 하나씩 정독해 보자.

1. 되먹임 효과

기후 변화에 대한 예측은 종종 빗나가곤 해. 예를 들어 지구 온도 상승이 1.5℃를 넘어가는 때가 2050년이라고 했다가 2040년으로 바뀌었어. 기후 변화가 예상보다 더 빠르게 심각해지기 때문인데, 그 이유 중 하나는 되먹임(feedback) 효과 때문이야. 되먹임 효과는 산비탈에서 굴린 눈덩이가 점점 커지듯이 어떤 부정적 영향이 원래의 상황을 더 악화시키는 것을 말해.

눈이 쌓인 곳에 가면 눈에 반사되는 햇빛에 눈이 부시지. 눈과 얼음은 햇빛의 일부를 우주로 튕겨나가게 해서 지구의 기후를 유지하는 데 도움을 줘. 그런데 지구가 더워지자 만년설이나 빙하가 녹으면서 반사되는 빛의 양이 줄어들고 있어. 그 결과 지구는 더 뜨거워지고 있어. 그러면 눈과 얼음은 더 빨리, 더 많이 녹고 악순환이 이어지지.

또 다른 예로, 지구의 기온이 올라가면서 토양과 초목이 마르고, 번개가 더 자주 치면서 산불이 자주 일어나. 산불로 숲이 파괴되면 탄소 흡수량이 줄어들고 지구의 기온은 더 올라가. 그러면 산불은 더 많이 일어나고 지구의 기온은 더 올라가지.

지구 표면의 14%를 차지하는 영구 동토층은 2년 이상 계절과 상관없이 땅이 결빙 온도 이하로 유지되는 지역을 말해. 보통 북극이나 남극 같은 고위도 지방을 떠올리지만 툰드라 고산 지방이나 러시아 등에서도 발견되곤 해. 이곳에는 1조 6천억 톤의 이산화탄소가 묻혀 있다고 해. 문제는 이 영구 동토층이 녹게 되면, 메탄가스가 방출된다는 거야. 메탄은 지구 온난화 지수가 이산화탄소의 21배에 이를 정도로 강력한 온실가스 효과를 일으키는 만큼, 무척 위험해. 그 결과 온실효과는 심각해지고 영구 동토층은 그만큼 더 녹게 돼. 그러면 더 많은 탄소가 대기로 쏟아져 나오면서 지구가 더 뜨거워지는 연쇄효과가 이어지지. 고대 바이러스가 유출될 가능성을 제기하는 학자들도 많아. 2016년 러시아 시베리아에서는 북극 영구 동토층이 녹으며 지상으로 나온 탄저균에 감염돼 순록 2,300여 마리가 떼죽음을 당한 일이 있었어. 그래서 많은 학자들은 영구 동토층을 '판도라고의 상자'라고 표현해.

2. 회복탄력성

회복탄력성은 몸이나 마음이 아팠다가도 금방 툭툭 털고 일어날 수 있는 능력을 말해. 회복탄력성이 좋으면 몸살에 걸려도 하룻밤 푹 자고 일어나면 쌩쌩해져. 마음의 회복탄력성이 높은 사람은 어려운 일을 겪어도 오랫동안 좌절하지 않고 툭툭 털고 일어설 수 있지. 자연과 생태계에도 이런 힘이 있어.

코로나 이후 사람들이 격리되고 공장 가동이 중단되자 생긴 변화가 있어. 야생동물들이 숲으로 돌아오고 그 수가 늘어났어. 파란 하늘이 드러나고 바다도 깨끗해졌지. 인간 활동이 멈추면 자연이 살아난다는 것을 자연이 스스로 증명했어. 외부 영향으로 훼손되고 상처를 입더라도 자연은 곧 스스로를 치유하고 원래 상태를 되찾는 거야. 쪼그라들었던 숲은 몇 주 만에 울창해지고 탁했던 물은 투명해지고 물고기와 새들은 순식간에 숫자를 불렸지. 하지만 코로나가 종식되면서 자연은 다시 위축되고 있어. 고무줄을 너무 팽팽하게 잡아당기면 탄력을 잃고 끊어져 버렸지. 많은 과학자들은 자연이 어느 순간 회복탄력성을 잃고 완전히 망가지지 않을까 우려하고 있어.

3. 티핑포인트

티핑포인트(tipping point)는 갑자기 상황이 뒤집히는 어느 지점을 말해. 천천히 변화를 거듭하다가 어느 순간 크고 극적인 변화가 닥치는 거야. 댐에 가느다란 균열이 생기다가 어느 날 붕괴되어 버리는 것과 같아. 기후 변화에서 티핑포인트는 1.5℃야. 전 지구가 기후 변화로 아우성이긴 해도 그럭저럭 버티고 있지. 그런데 지구 평균 기온 상승이 1.5℃를 넘어가는 순간 우리가 상상도 못 한 환경 재난이 벌어질지 모른다는 두려움이 있어. 티핑포인트가 무서운 이유는 한 번 넘어 버리면 그것으로 끝이기 때문이야. 예전으로 돌아갈 수 없어.

4. 불가역성

불가역성은 '되돌릴 수 없다'는 뜻이야. 실패해도 서너 번의 기회가 남아 있다면 좋을 텐데 환경 문제는 그렇지 않지. 병을 너무 오래 방치하면 치료가 불가능해지듯이 기후 위기도 어느 한계를 넘어 버리면 더는 예전으로 돌아갈 수 없어. 나중에 '그 옛날 2020년대의 과학자들이 기후 변화를 바꿀 마지막 기회라고 소리쳤었지. 그때 정신을 차렸어야 했는데…' 이렇게 후회해도 소용없어. 생물의 멸종도 불가역적이야. 어떤 생물종이 멸종하면 되살릴 방법이 없어.

위에서 알아본 단어들은 공통점이 있어. 모두 경고의 의미를 담고 있다는 거지. 더 큰 재난이 닥치기 전에 지금 바로 행동하라는 거야. 지구는 하나뿐이야. 두 번째 지구는 없지. 과학자들은 앞으로 펼쳐질 기후 변화의 속도가 예상보다 더 빠를 수 있다고 말하고 있어. 기후 변화를 악화시키는 이유들이 여러 가지인데다가 서로 긴밀하게 영향을 주기 때문이지.

'에고가 아니라 에코!' 환경 시위에 등장한 구호야. 피켓에 있는 사람의 위치를 자세히 봐. 우리는 결정해야 해. 자연 위에 군림할지, 자연의 일부로 겸손하게 살아갈지.

생
물
다 양 성

| 생 | 물 | 다 | 양 | 성 |
| 멸 | 종 | 위 | 기 | 종 |

곤 충 대 멸 종 시 대
외 래 침 입 종
새 식 끼 파 괴
동 물 권
6 차 대 멸 종
씨 앗 은 행
동 물 을 지 키 는 사 람 들

1989년 세계자연보호재단이 규정한 생물다양성의 정의는 '수백만 여 종의 동식물, 미생물, 그들이 가진 유전자, 그리고 그들의 환경을 만드는 생태계 등을 모두 포함하는 이 지구상에 살아 있는 모든 생명의 풍요로움'이다.

: 자연을 지키는 열쇠

전국의 급식 조리사들이 몽땅 사라진 세상을 상상해 봐. 대혼란이 벌어지겠지. 그분들의 빈자리가 얼마나 큰지 느껴질 거야. 소방관, 경찰관, 치위생사, 배관 수리공, 화물차 기사, 재봉사, 차량 정비공, 환경 미화원 등은 우리 사회에서 없어서는 안 되는 중요한 역할을 하고 있어. 중요한 일을 하고 있지만 눈에 안 띄기도 해.

자연 생태계도 마찬가지야. 모든 생물은 자기 자리에서 각자의 역할을 하고 있어. 비버는 둑을 쌓아서 홍수 조절 기능을 해. 토목공학을 배운 적도 없지만 자기 일을 척척 해내지. 지렁이, 진드기는 흙과 낙엽을 먹고 토양을 기름지게 만들어. 미생물 집단은 가장 작지만 누구 못지않게 위대한 일들을 해내지. 산소 만들기, 생물의 분해 같은 역할을 미생물들이 하지 않는다면 자연은 죽음의 공간이 될 거야.

이렇게 다양한 동물, 곤충, 식물이 어우러져 존재하는 것을 생물다양성이라고 해. 다양성이란 무엇일까? 우선 동물 안에 코끼리, 하마, 여우가 있는 것처럼 종 자체의 다양성이 있어. 또 사막여우, 북극여우, 붉은여우, 페넥여우, 티베트모래여우, 뱅골여우같이 같은 종 안에도 유전적 다양성이 있어. 그런 여러 종들이 산, 바다, 들판, 숲속, 강, 호수, 늪지 등 자기에게 맞는 서식지에서 살아가는 거야. 그런데 안타깝게도 전 지구적으로 생물다양성이 아주 빠르게 감소하고 있어.

환경 문제의 두 가지 핵심은 기후 위기와 생물다양성 감소야. 그런데 기후 위기에 비해 생물다양성 감소는 크게 주목 받지 못하고 사람들이 위기로 느끼지도 못하는 것 같아. 기후 위기가 일으킨 이상 기후는 우리 눈에 선명하게 보여. 하지만 열대 숲, 바다, 들판에서 생물들이 죽어가는 것은 우리 눈에 잘 띄지 않아. 과학자들이 '대학살'이라고 말할 정도로 수많은 생물이 멸종하고 있어도 먼 밀림 속의 일처럼 느껴지지.

유엔환경계획(UNEP)에 따르면 지구상에는 3천만 생물종이 있는데 매년 2.5만~3만 종이 멸종되고 있다고 해. 세계자연기금(WWF)의 연구 결과는 1970~2016년 사이 생물 개체수가 68%나 감소했다고 발표했어. 최근 50년 사이에 생물종이 급격하게 멸종한 이유는 무엇일까?

우선 산업화, 도시화가 이루어지면서 생물의 자연 서식지가 파괴되었어. 얼마나 많은 숲과 들판이 빌딩과 아파트로 바뀌었는지 놀라울 정도야. 뒤에서 살펴보겠지만 침입종으로 인한 문제도 있어. 먹이사슬을 통해 개체 수를 유지하고 있던 곳에 다른 종이 침범해서 균형을 무너뜨리는 거야. 농작물의 경우 단일 작물 품종이 늘어나면서 다양성이 사라졌어. 한 경작지에서 쌀, 밀, 옥수수, 사탕수수, 면화 같은 생산성이 높은 작물 한 가지만 기르는 거야.

기후 변화 문제도 빼놓을 수 없지. 기후 변화와 생물다양성 감소는 연결되어 있어. 앞에서 지구 평균 온도가 1.1℃ 올랐다고 했지? 그 기후의 변화를 견뎌 내지 못한 수백만 종이 이미 지구상에서 사라졌어. IPCC에 따르면 기온이 1℃ 상승할 때마다 생물종 10%가 멸종해. 과학자들은 앞으로 온도가 2℃까지 오른다면 생물다양성의 절반 정도가 사라진다고 말하고 있어. 인간이 아닌 생물들은 에어컨도 난로도 없어서 온도 변화에 취약해. 생태계가 훼손되면 다양성이 감소하고 탄소 저장 능력이 떨어지면서 기후 변화가 악화되지.

우리 눈에는 그 풍뎅이가 그 풍뎅이로 보이지만, 분류 전문가인 곤충학자들에 따르면 세상에는 35만~40만 종의 풍뎅이가 있다고 해. 창조주인 신이 풍뎅이를 특별히 사랑하신다는 우스갯소리도 있을 정도지. 얼마나 사랑했으면 그처럼 가지각색의 풍뎅이를 만들었겠느냐는 거야. 풍뎅이뿐 아니라 모든 생물은 기후대와 환경에 따라 모양, 빛깔, 무늬가 제각기 달라.

다양성은 자연계가 그 아름다움을 표현하는 방식이야. 숲이나 공원에서 긴 꼬리를 뽐내며 날렵하게 나뭇가지를 오르락내리락하는 청설모를 발견하면 그 깜찍한 모습에 넋을 잃어. 하지만 오로지 청설모만 사는 숲은 기괴할 것 같아. 셀 수 없이 다양한 곤충과 동물들, 형형색색의 꽃과 나무가 어우러진 곳이 우리가 아름답게 느끼는 자연이야.

세상에 종이 다양한 건 다 이유가 있어. 생태계가 돌아가려면 다양한 기능이 필요하고 각각의 생물종의 역할은 정말 중요해. 하나의 종이 생태계에서 얼마나 중요한지 보여 주는 사건이 있어. 1950년대 후반 중국의 지도자 마오쩌둥은 벼이삭을 쪼아 먹는 참새가 해로운 동물이라고 규정하고 없애라고 지시했어. 그 때문에 2억 마리가 넘는 참새가 죽었어. 그런데 그 후 대흉년이 일어나 수천 만 명이 굶어죽는 대참사가 벌어졌어. 참새가 사라지자 메뚜기 같은 다른 해충이 폭발적으로 늘어나 곡식을 다 갉아먹은 거야. 사실 참새는 곡식뿐 아니라 곡식을 잡아먹는 벌레와 해충까지 잡아먹었지.

종은 서로 연결되어 있어서 생태계 전체와 인간에게 유익을 주고 있어. 하나의 종이 사라져 그 기능을 못 하게 되면 다른 종

이집트 바닷속 사진이야. 산호부터 해초, 다양한 물고기들까지 여러 개체들이 어우러져 사는 바다 세계가 언제까지 평화로울 수 있을까?

도 위협을 받지. 처음엔 먹이 그물에 작은 구멍이 생겨. 그러다 구멍이 커지고 점점 더 찢어져서 그물 전체가 망가지게 되는 거지. 초목이 무성해야 벌레가, 벌레가 번식을 해야 새가, 작은 새가 늘어나야 황조롱이 같은 큰 새가 존재할 수 있어.

생물다양성은 자연 생태계의 건강을 지켜 주는 강력한 힘이야. 자연은 다양성으로 스스로를 건강하게 보호하고 번성해 왔어. 동물과 식물은 언제나 전염병에 시달려. 그럴 때 유전적 다양성은 그 종을 튼튼하게 유지시키는 방식이기도 해. 도요새를 예로 들어 보자. 노랑발도요, 바늘꼬리도요, 종달도요, 깝작도요, 꼬까도요, 흑꼬리도요 이런 식으로 80종이 넘어. 이렇게 다양한 종이 있어야 질병에 강해지고 전염병이 확산되는 것을 막을 수 있어. 식물도 다양성으로 바이러스나 해충을 방어할 수 있어. 종이 하나뿐이면 전염병이 돌 때 한 번에 모조리 멸종할 위험이 있거든. 우리가 먹는 곡물과 과일은 대량 생산을 하면서 품종의 수가 줄어들었어. 그러면 전염병이나 해충에 취약해지지. 같은 종에서 다양한 품종을 유지하는 게 중요한 이유야.

멸	종	위	기	종

특정 기준에 의해 개체수가 극단적으로 감소하여 멸종이 될 가능성이 매우 높은 동식물군. 레드데이터북(reddata book)에는 멸종 위험성이 가장 큰 생물종을 멸종 위기종으로 규정하고 게시하고 있다.

: 박물관에서 만나는 코뿔소

각각의 생물은 세상에서 하나뿐이야. 멸종하면 되살릴 수 없고 영원히 사라져. 지금은 박물관에나 있는 매머드는 4천 년 전까지만 해도 지구상을 활보했어. 세상에서 호랑이가 멸종된다면? 울창한 우리나라 산은 호랑이, 표범, 곰, 늑대, 여우들이 뛰놀기 좋은 곳이었어. 지금으로부터 100년 전만 해도 한반도에 득실거리던 맹수들은 일제의 사냥으로 모두 잡혀 사라졌지.

우리나라에서 호랑이가 공식적으로 멸종된 것은 1924년이야. 지금 호랑이는 전 세계적인 멸종 위기종 리스트에 올라 있어. 세계자연기금(WWF)에 따르면 전 세계에 야생 호랑이는 4,500 마리밖에 남아 있지 않아. 100년 전에 10만 마리가 넘었다는 것을 생각하면 엄청나게 줄어든 거야.

세계자연보전연맹(IUCN)은 레드리스트(멸종 위기종 적색 목록)를 발표하고 있어. www.iucnredlist.org에 들어가서 자세히 살펴봐. 우리나라의 멸종 위기종들도 검색해 볼 수 있어. 2024년 7월 기준, 45,300종이나 되는 생물들이 멸종 위기야. 몇몇 동물들을 꼽아 보면, 아무르표범 100마리, 수마트라호랑이 600마리, 마운틴고릴라 1,000마리, 검은코뿔소 5,600마리, 자이언트판다 1,100마리, 쌍봉낙타 880마리, 코모도왕도마뱀 5,000마리, 카쿠새 700마리가 남아 있어.

멸종 위기 목록에 들지 않은 동물도 안심할 수 없어. 아무리 숫자가 많아도 보호하지 않으면 사라지는 건 시간문제야. 미국에 수십억 마리가 살았고 하늘을 이불처럼 덮었던 나그네 비둘기가 있어. 이 새는 사람들이 마구잡이로 사냥을 하고 숲이 파괴되면서 1914년 멸종되었어. 20세기에는 얼룩왈라비(1927년), 태즈메니아늑대(1933년), 카스피호랑이(1958년) 등이 멸종했지. 또 어떤 동물이 역사에서 사라질지 긴장을 놓을 수 없어. "어린이 여러분, 코뿔소는 2078년 수단에서 발견된 것을 끝으로 멸종되었습니다. 자, 영상으로 확인하시죠." 미래의 먼 훗날 이런 다큐멘터리가 방영된다면 너무 슬프지 않을까.

아무르표범은 조선표범이라고도 불려. 멸종 위기종인 아무르표범을 2024년 하반기부터 서울대공원에서 볼 수 있게 됐어.

CITES(멸종 위기에 처한 야생동식물의 국제 거래에 관한 협약)는 국제거래 금지 대상 생물종을 보호하는 협약이야. 야생동식물 거래는 멸종을 일으키는 주요 원인 중 하나야. 그래서 CITES는 과도한 포획과 거래를 금지하고, 멸종 위기종의 수출과 수입을 통제하고 있어. 호랑이, 코끼리, 코뿔소 등도 그 보호 대상이야.

2022년에 CITES는 반려동물 무역으로 수가 줄어든 거북, 도마뱀과 함께 상어를 보호 대상으로 선정했어. 샥스핀(상어 지느러미 스프)은 중국 사람들에게 인기가 있는 고급 요리야. 상어는 바다에서 잡히면 지느러미만 잘려 바다에 버려지는데 헤엄을 치지 못해 곧 죽게 돼. 샥스핀 때문에 매년 1억 마리의 상어가 희생되고 있다니 너무나 처참하지. 현재 샥스핀은 여러 나라에서 판매가 금지되어 있어. 동물보호단체들에서는 샥스핀 판매 중단을 요구하며 시위를 하기도 해.

동물들의 멸종을 가속화하는 원인 중 하나는 사냥이야. 어떤 나라에서 사냥은 취미나 스포츠로 여겨지지만 서남아시아, 아프리카의 가난한 지역에서는 생계 목적이지. 보통은 허가된 지역에서 허가된 동물에 대해 사냥을 해야 하지만 불법으로 마구잡이 사냥이 벌어지기도 해. 그 결과 멸종 위기종들까지 잡혀 팔리는 거지.

많은 나라들이 멸종 위기종을 적극적으로 보호하고 있어. 우리나라의 경우 멸종 위기종인 반달가슴곰이 보호 대상이야. 복원 사업을 통해 지리산에 수십 마리의 반달곰이 살고 있어. 또 1960년대에 멸종된 토종여우 복원 사업도 하고 있어. 산양은 세계적인 멸종 위기종이야. 우리나라에서 복원 사업을 통해 그 수가 조금씩 늘고 있지. 흥미롭게도 고라니는 우리나라만 빼고 대부분의 나라에서 멸종 위기 동물이야. 우리나라에서 고라니는 그 수가 너무 많은데다 고구마, 감자를 뽑아 먹고 밭을 망쳐 놓는다고 해서 천덕꾸러기 신세야. 다른 나라에서는 희귀한 멸종 위기종이라니 다시 봐야겠지?

곤충대멸종시대

곤충은 식량 생산과 생태계 보존에 있어 핵심적인 역할을 한다. 런던 자연사 박물관의 수석 큐레이터인 에리카 맥알리스터 박사는 "만약 우리가 세상에서 곤충을 모두 없앤다면 우리도 죽게 될 것"이라고 말했다.

: 그 많던 꿀벌은 다 어디로?

앞에서는 대형 동물들의 멸종에 대해 알아봤어. 이번엔 작은 것들의 세계로 가 보자. 1980년대에는 서울에 사는 아이들도 뒷산과 들판에서 장수하늘소, 사슴벌레, 땅강아지, 물방개, 알록달록한 무당벌레를 잡아서 놀곤 했어. 지금은 보기 힘든 곤충들이지. 시골에 가면 반딧불이도 어렵지 않게 볼 수 있었어. 그런데 지금 이 곤충과 벌레들은 다 어디로 간 걸까. 지난 수천 년 동안 바글바글하던 곤충들이 불과 한두 세대 만에 그 수가 엄청나게 줄어든 거야.

지구상 곤충의 총 무게는 80억 인간 총 무게의 17배쯤 된다고 해. 우리 눈에 보이는 것보다 곤충은 훨씬 더 많아. 그리고 우리가 생각하는 것보다 더 빨리 멸종되고 있어. 그 이유는 동물 멸종의 이유와 같아. 숲과 들판이 사라지면서 곤충의 서식지가 사라졌어. 나무 하나를 베면 그 나무의 잎사귀, 몸통, 뿌리에 기대어 살던 곤충들의 거처가 사라지는 거지. 살충제의 사용으로 몰살당하기도 해.

연속 촬영한 반딧불이. 요즘 반딧불이를 촬영하러 시골로 출사를 가는 사람들이 많아졌대. 이런 행동들이 멸종해 가는 곤충을 보호하려는 움직임으로까지 이어졌으면 좋겠어.

　　곤충의 멸종을 설명할 때 기후 변화를 빼놓을 수 없지. 집에서 관상용 물고기 구피를 키워 본 사람은 알 거야. 수질이 나빠지거나 전염병이 돌면 구피들이 떼로 죽어. 바글바글했던 수조가 텅 비게 되기까지 며칠 걸리지 않지. 지구 평균 기온이 1℃ 남짓 올라갔어. 곤충들에게는 너무나 큰 온도 변화야.

곤충이 사라지는 건 인류에게 대재앙의 전조 같은 거야. 곤충은 지구 생태계의 토대를 이루고 있어. 곤충은 꽃가루를 옮겨서 식물이 열매를 맺게 해 줘. 꽃이 있는 식물 대부분이 꿀벌이나 나비 같은 곤충의 도움으로 수분(종자식물에서 수술의 화분[花粉]이 암술머리에 옮겨 붙는 일)을 하지. 쇠똥구리, 구더기 같은 곤충은 배설물과 사체의 분해를 도맡아 해. 인간이 키우는 작물의 해충을 없애는 것도 곤충의 일이야. 이처럼 곤충은 토양을 기름지게 하고 식물의 번성을 책임지는 역할을 하고 있어. 곤충은 또 새, 박쥐, 작은 포유류, 물고기, 개구리의 먹이가 되어서 먹이사슬의 아래를 떠받치고 있어. 곤충은 작지만 위대한 존재라고 할 수 있지.

봄을 알리는 소식 중 하나는 앵앵 소리를 내는 꿀벌의 날갯짓이야. 그런데 그 많던 꿀벌들이 잘 보이지 않아. 꿀과 꽃가루를 구하러 나간 일벌들이 돌아오지 않고 벌집에서 먹이를 기다리던 여왕벌과 애벌레들이 굶어 죽는 거야. 꿀벌의 실종은 전 세계에서 벌어지고 있는 미스터리야. 과학자들이 원인 분석에 나섰어. 과학자들은 살충제, 병충해, 기생충 등 여러 가지 원인을 밝혀내고 있는데, 가장 유력한 것은 기후 변화야. 온난화로 얼음이 더 빨리 녹고 꽃이 더 빨리 개화하고 있어. 우리의 봄을 보면 동백, 목련, 개나리, 진달래, 벚꽃이 차례차례 피는 게 정상이야. 그런데 2023년의 봄은 개화 시기도 빨랐지만 순서도 뒤죽박죽이었어. 이런 들쭉날쭉한 이상 기온에 꿀벌들이 적응하지 못하고 어디선가 떼죽음을 당한 건 아닐까?

꿀벌의 실종은 단지 양봉업자들만 피해를 보는 문제가 아니야. 벌꿀 대신 올리고당 먹으면 된다고 여유 부릴 문제도 아니지. 많은 학자들은 무려 식량 산업의 붕괴, 문명의 파멸을 경고하고 있어. 주요 농작물 100가지 중 70%의 수분을 꿀벌이 맡고 있다는 사실 알고 있니? 이대로 가다간 꿀벌을 통해서만 수분이 되는 과일과 채소 일부를 영원히 잃을 수도 있어.

꿀벌들은 자기들의 실종을 통해 인류에게 경고 신호를 보내고 있어. 꿀벌과 온갖 곤충들이 몰살하는 지구에서 과연 인간이 살아남겠느냐고 묻고 있는 듯해. 물론 곤충이 없다고 인류가 당장 멸종하지는 않아. 하지만 곤충의 멸종이 농작물 재배에 영향을 주어 인류의 식량 문제가 심각해질 가능성이 높아.

꿀벌을 살리기 위해 우리나라에서는 여러 지역에서 수백만 그루의 밀원식물(蜜源植物)을 심고 있어. 밀원수는 벌이 꿀을 빠는 아까시나무, 헛개나무, 백합나무 등을 말해. 꿀벌의 식량인 밀원식물을 심는 것은 꿀벌 손님들에게 실컷 꿀 빨고 가시라고 무료 식당을 차리는 셈이야. 다시 예전처럼 꿀벌들이 '벌떼처럼' 몰려다니는 날을 기대해 보자.

외래종은 인간의 영향에 의해서 또는 자연적으로 다른 지역으로부터(일반적으로 외국) 들어온 모든 종을 총칭한다. 외래종은 원래 자생지가 아닌 곳으로부터 인간의 영향과 상관없이 유입되어 적응, 번식하기도 하지만 인간의 활동은 외래종의 침입을 급속히 증가시켜 왔다.

: '주소지'만 바뀌었을 뿐인데…

강원도의 어느 저수지에서 피라냐가 잡힌 적이 있어. 누군가 관상용으로 키우다가 풀어놓은 것이었지. 피라냐는 재난 공포 영화의 소재가 될 정도로 무시무시한 식인 물고기야. 피라냐가 번식해서 낙동강, 금강, 한강에 퍼진다면? 상상조차 되지 않는 재난이지. 결국 피라냐를 잡기 위해 저수지의 물을 다 빼야 했어.

외래 침입종은 외국에서 서식하다가 우리 땅으로 들어온 생물을 말해. 도둑이나 외계인한테 쓰는 '침입'이라는 말에서 알 수 있듯 오지 말아야 할 곳에 허락도 없이 왔다는 의미야. 생태 질서를 어지럽고 혼란하게 한다는 뜻에서 '생태계 교란 생물'이라고도 불러.

우리나라의 대표적인 외래 침입종인 뉴트리아는 1980년대에 고기와 모피를 얻기 위해 데려왔어. 하지만 집쥐를 몇 배로

뻥튀기한 것 같은 뉴트리아의 모습을 보고 입맛을 다시는 사람은 없었지. 사육장에서 탈출해 야생으로 퍼진 뉴트리아는 습지 식물이나 벼 같은 농작물까지 갉아먹었어. 습지 생태계의 파괴자였지. 대구에서는 마리당 2만 원의 현상금을 걸었어. 뉴트리아 사냥꾼들이 활약하고 삵과 들고양이가 뉴트리아로 주린 배를 채우면서 그 수가 조금씩 줄고 있다고 해.

'큰입배스'라고도 불리는 배스는 원래 양식 사업을 위해 미국에서 데려온 물고기야. 양식 가두리에서 탈출한 배스는 전국으로 퍼져나갔어. 우리 하천에 금방 적응하더니 빠르게 번식하고 큰 입으로 민물고기들을 닥치는 대로 잡아먹었어. 결국 우리 하천의 깡패이자 골칫거리가 되어 버렸지.

골칫거리가 된 외국 식물도 있어. 핑크 뮬리는 우리나라의 생태계 교란 위해성 평가에서 2급을 받았어. 핑크빛에 반한 사람들이 곳곳에 심어 놓으면서 금세 전국에 퍼지게 되었지. 미국에서 건너온 핑크 뮬리는 우리나라 기후에 잘 적응하고 또 씨앗을 많이 품고 있고 잘 퍼트려서 번식력이 강해. 국내의 토종 식물을 밀어내지는 않을까 우려하고 있지.

우리나라에서 외국으로 옮겨 간 외래 침입종도 있어. 앙증맞고 오종종한 귀여운 얼굴과 선명한 줄무늬를 뽐내는 우리나라의 다람쥐는 1960년대에 유럽에 많이 수출되었어. 그런데 키

핑크 뮬리는 겨울 추위에 약한 편이지만, 30℃가 넘어가는 아열대에서는 번식력이 강한 편이라 앞으로 지구 온난화로 한국의 기후가 아열대성으로 바뀌게 되면 기존 생태계를 교란할 수 있다고 해.

우던 다람쥐를 사람들이 공원에 풀어 주자 끝도 없이 번식하게 된 거야. 유럽 도시들은 '유럽 100대 침입종'이 된 이 다람쥐들을 어떻게 해야 할까 고민하고 있어. 우리 숲의 귀염둥이가 유럽 숲의 민폐라니 당황스런 일이지. 그리고 정작 우리나라에서는 눈에 잘 띄지 않는 개체라는 게 참 아이러니해.

미국인들은 우리나라와 중국, 러시아가 원산지인 가물치 때문에 걱정이 한가득이야. 50cm에서 크게는 1m까지 자라는 가물치는 미국 강과 호수에서 토착 어종을 닥치는 대로 먹어 치우고 있다고 해. 가물치는 물 밖에서도 호흡하고 이동하는 비상한 능력이 있는 데다 알도 1만 개씩 낳아 큰 문제가 되고 있어.

가물치를 없애려고 가물치의 맛을 홍보하고 있지만, 영어 이름이 뱀머리(snake head)인 물고기를 먹고 싶어 하는 사람은 별로 없어 보여.

외래 침입종은 생물다양성을 파괴하는 주요 원인 중 하나야. 하나의 생태계는 그에 속한 생물들끼리 먹이사슬을 이루며 균형을 유지하고 있어. 그런데 침입종이 들어와서 토종 생물들의 씨를 말리고 균형을 무너뜨리면 어떤 생물은 멸종의 위험에 놓이게 돼. 일단 외래 침입종이 적응해서 번식하면 완전히 없애기란 너무 어려워. 아무리 관리해도 그 번식 속도를 따라갈 수 없을 때가 있거든.

외래 침입종이라는 이름표가 달려 있지만 원래 속해 있던 생태계에서는 먹이 그물의 한 축을 담당하며 자기 역할을 하던 생물이야. 다른 생태계로 '주소지'만 바뀌었을 뿐인데, 생태계 균형을 파괴하는 악당이 되어 버린 거야. 우리나라의 족제비는 쥐를 잡아먹어서 그 수를 조절하는 역할을 해. 하지만 일본에 간 한국족제비는 자기보다 덩치도 작고 전투력도 약한 일본 족제비를 몰아내는 해로운 '침입자'야. 우리나라의 무당벌레는 진딧물을 잡아먹는 이로운 곤충이야. 하지만 유럽으로 옮겨 가자 유럽 토종 무당벌레를 위협하고 농작물에 해를 끼치는 침입종이 되었어.

사실 다람쥐도 배스도 가물치도 아무 잘못이 없어. 어디서
든 적응하고 살아남는 것이 동물들의 본능이지. 생물들은 스스
로 '침입'한 게 아니라 사람 손으로 옮겨졌어. 귀엽다고, 맛있다
고, 값나간다고 데려다 놓고는 나중에는 해로운 생물이라며 없
애려 들지. 토종 생물을 보호하기 위해 다른 생물을 멸종시켜야
하는 상황은 모두에게 비극이야. 그러니 생물들이 원래 있어야
할 곳에서 잘 살아가도록 지켜 주는 것이 정말 중요해.

서	식	지	파	괴

군집과 군집을 이루는 여러 개체군이 살아가는 자연 환경을 서식지라고 하고,
이 서식지가 인위적·자연적 원인에 의해 훼손되고 파괴되는 것을 '서식지 파괴'
라고 한다. 서식지 파괴는 생물다양성 감소의 가장 큰 요인으로 꼽힌다.

: 우리를 보내 줘요. 인간이 없는 곳으로…

우리의 상상 너머에 있는 아득한 7천만 년 전을 떠올려 보
자. 공룡이 지구를 주름잡던 시절이었지. 서울 광화문 광장 한
복판에도 타르보사우루스, 토로사우르스 같은 공룡이 뛰어놀았
을 거야. 지구는 인간의 땅인 것 같지만 사실은 그렇지 않지. 지
구의 역사를 보면 고생대, 중생대를 지나면서 많은 생물들이 지

구를 차지하고 있었어. 지금도 자연의 관점에서 보면 인간이 주인공이 아니야. 동물, 식물, 미생물까지 온갖 생명체가 그득한 생태계에서 인간은 다양한 구성원 중 하나야. 지구의 공간과 환경은 인간과 다른 생물들이 함께 나누어 쓰도록 주어진 장소이고. 작은 포유류, 새, 곤충, 애벌레까지 자기에게 꼭 맞는 자리, 마음 편히 쉴 수 있는 공간을 누릴 권리가 있어. 하지만 인간의 무분별한 활동으로 생물의 서식지가 파괴되고 있어.

생물다양성을 파괴하는 핵심 원인 중 하나는 서식지 감소야. 서식지가 줄어들다 못해 통째로 사라지고 있어. 지난 50년간 도시의 규모는 끊임없이 커져서 지금은 전 세계 인구의 절반 이상이 도시에 살고 있어. 도시가 커진다는 건 무엇을 의미할까? 그 면적에 비례해서 야생동물들의 서식지가 줄어든다는 의미야. 동물들이 살던 숲, 들판, 농경지가 거대한 주거단지, 쇼핑몰, 아스팔트 광장, 도로로 바뀌고 있어. 원래 그곳에 살던 동물들을 죽음으로 몰아넣는 일이지.

중요한 생물 서식지인 습지도 파괴되고 있어. 전 세계 생물종의 40%가 늪, 연못, 호수, 갯벌, 바다, 강, 시내 같은 습지에 서식하고 있어. 포유류, 조류부터 곤충, 식물까지 다양한 생물들이 살고 있지. 인구가 많은 도시가 바다, 강 근처에 있는 것같이 동물들도 물이 있는 곳에 정착하고 싶어 하기 때문이야. 유엔환경계획(UNEP)에 따르면 1900년 이후 전 세계 습지의 절반이 사라졌다고 해. 빌딩, 도로, 공장을 짓겠다고 매립해 버린 거야.

우리나라 갯벌은 유네스코 세계자연유산목록에 등재되어 있어. 세계 5대 갯벌 중 하나가 바로 우리나라의 서해안이지. 이 갯벌이 간척사업으로 많이 사라졌어. 갯벌을 메워서 육지로 만든 다음 농경지나 공업단지를 만들었어. 송도경제자유구역이나 새만금 방조제 건설로 엄청난 규모의 갯벌 생태계가 파괴되었지. 갯벌은 다양한 해양 생물들의 서식지면서 철새들이 쉬다 가는 중간 기착지야. 습지는 동식물 서식지로서만 아니라 기후 변화를 막는 데도 중요해. 온실가스를 저장해서 기후 조절도 하지. 최근에는 갯벌의 탄소 흡수 기능도 주목 받고 있어. 생물들뿐 아니라 인간에게도 너무나 소중한 곳이야.

인간 활동은 보통 '개발'이라는 이름으로 이루어져. 개발은 발전하고 개선한다는 뜻이야. 발전하고 개선하기 위해 산과 들을 평평하게 만들고 숲을 불태우는 것에 대해 거리낌이 없지. 하지만 동물들에게 개발이란 서식지 파괴를 뜻해. 골프장을 짓겠다고 멀쩡한 산과 언덕을 밀어 버리고 그 땅을 농약으로 오염시키지. 인간은 골프장 없이도 살 수 있지만 그곳에 살던 동식물들은 쫓겨나서 살 곳이 없어. 다른 보금자리를 찾아 떠나는 동물도 있겠지만 작은 동물들에게는 세상이 사라지는 것이나

새만금은 어마어마한 규모의 갯벌이 펼쳐져
수많은 동물들이 깃들이는 곳이었어.

새만금 방조제 공사가 진행되고 있는 모습. 새만금 방조
제의 완공 목표 시기는 2004년이었어. 그러나 아직도
완공되지 못하고 있고, 현재의 목표 완공 시기는 2050
년이야. 무려 60년 가까이 되는 한국 역사상 최장의 토
목 건설 사업이라고 해. 이 방조제가 완공되면 환경은
어떤 영향을 받게 될까?

마찬가지야.

숲이나 강 주변을 개발할 때는 찬반 갈등이 많이 생겨. 예를 들어 개발 지역에 수달이나 삵, 소쩍새, 원앙 같은 멸종 위기종이 살고 있을 때 개발을 할지 말지를 놓고 팽팽한 의견 대립이 있어.

다행히 정부나 환경 단체들은 야생동물들의 서식지를 보전하는 정책을 다방면으로 펼치고 있어. 갯벌도 원래대로 돌려놓고 망가진 습지도 되살려서 서식지를 복원하려는 노력도 조금씩 시작되고 있지. 다시 살 만한 환경이 되면 동물들은 소문을 듣고 돌아오게 되어 있어. 유네스코는 생태가 잘 보전된 야생동물의 중요한 서식지를 생물권보전지역으로 지정해서 개발을 막고 있어.

동물들이 말을 할 수 있다면 하고 싶은 이야기가 얼마나 많을까. "우리가 사는 숲을 불태우지 말아요." "우리의 고향인 호수와 갯벌을 매립해선 안 돼요." "우린 어디 가서 살라고?" 아무리 작고 연약해도 생물들 역시 우리 세계의 구성원이고 생명체이기 때문에 살 곳을 주장할 권리가 있어. 지나가던 산양, 수달, 쇠똥구리를 붙들고 "제일 좋아하는 장소가 어디니?" 하고 물어보면 이렇게 대답할 거야. "인간의 발길이 닿지 않는 곳이요."

동물들에게 행복한 환경이 되면 그건 사람에게도 더 살 만

한 곳이 되었단 뜻이야. 둘은 함께 어울려 살아야 하기 때문이지. 공생, 먹이사슬, 서식지의 균형과 조화가 깨지면 동물만 죽어 나가는 게 아니라 인간도 위협 받는 거야. 그렇기 때문에 야생동물들의 생명을 귀하게 여기는 건 생태학자, 환경 운동가들만의 일이 아니라 지구에서 사는 모든 사람들의 의무가 되어야 해. 그리고 그 첫 번째 길은 동식물들이 살 곳을 지켜 주는 거야.

| 동 | 물 | 권 |

쾌락과 고통을 느낄 수 있는 존엄한 생명체로서 동물이 가지는 권리. 1970년대 후반 철학자 피터 싱어가 "동물도 지각·감각 능력을 지니고 있으므로 보호받기 위한 도덕적 권리를 가진다"고 주장하면서 만들어진 개념이다.

: 존엄한 돼지를 생각하며

중세 시대 사람들은 동물을 기계라고 생각했어. 동물은 마음과 생각이 없어서 고통을 못 느낀다고 보았지. 동물들은 오직 인간에게 이용당하기 위해 존재하는 것 같았어. 인간에게 고기, 털, 가죽, 노동력을 제공해 주면서 말이야. 하지만 동물은 우리가 생각하는 것보다 훨씬 더 감정에 민감하고 신체적 아픔과 마음의 고통도 느끼는 존재야.

우리는 지구상의 존재를 말할 때 '인간 대 동물'로 보는 습관이 있어. 하지만 '생물 대 무생물'로 보는 게 맞아. 살아 있다는 것은 굉장한 거야. 생명은 그 자체로 고유하고 소중한 존재이지. 모든 사람은 인격이 있기 때문에 사람을 존중해야 한다고 말해. 마찬가지로 모든 생명은 생명을 지녔다는 사실만으로도 존중받아야 해.

이제 사람들은 동물들이 느끼는 고통에 대해 마음을 쓰기 시작했어. 동물을 쾌적하고 편안한 환경에서 자라게 하고, 학대하거나 고통스럽게 도살하지 않는 동물복지의 개념이 생겨난 거야. 이전에는 윤리와 도덕이 인간에게만 해당되었지만, 이제 동물에 대해서도 윤리를 따지고 배려하는 시대가 온 거지.

우리가 좋아하는 돼지 이야기를 해 볼까? '고기를 만드는 공장'이나 마찬가지인 돼지 사육장은 비좁고 더러워. 빠르고 값싸게 길러서 고기를 공급하는 게 목적이거든. 돼지는 태어나자마자 꼬리와 이빨을 잘라. 좁은 곳에서 자라는 스트레스 때문에 서로를 물기 때문이지.

개만큼이나 똑똑한 돼지들은 원래 15년 이상 살 수 있지만 대부분 6개월 만에 도살되어 우리의 식탁에 오르게 돼. 늘 갇혀 있다가 도살장에 끌려갈 때 처음으로 바깥세상과 하늘을 보게 돼. 돼지, 소, 닭이 맛있는 음식이라는 사실을 부정할 수는 없어.

하지만 그런 고마운 가축들이 좋은 환경에서 자라고 고통 없이 죽을 수 있게 하는 건 꼭 필요한 일이야.

동물에게 자유와 권리가 있다는 생각은 이제 더 이상 낯설지 않아. 동물에게는 배고픔과 갈증에서 벗어날 자유, 부상과 질병에서 벗어날 자유, 공포와 스트레스에서 벗어날 자유가 있지. 인간이라면 누구나 인간답게 살 권리가 있다고 말하잖아. 가축이나 다른 동물도 동물답게 살 권리가 있어. 동물은 지구 생태계의 당당한 구성원이니까.

동물에게 고통을 주지 않는 것만으로는 충분하지 않아. 좀 더 적극적으로 생각하면, 동물들도 행복하게 살 권리가 있어. 동물이 행복을 느낀다고? 이건 놀라운 일이 아니야. 유전적으로 보면 인간과 동물은 유사해. 그리고 비슷한 욕구를 지니고 있지. 침팬지와 인간의 DNA 서열은 약 95% 일치해. 고양이도 인간의 유전자와 90% 일치해. 심지어 바나나도 인간과 50% 이상 일치한다는 실험 결과도 있지. 우리가 그렇듯 동물들도 따뜻하고 안전한 집에 살면서 맛있는 것을 먹고 편히 쉬고 새끼들을 잘 키우며 살고 싶어 해.

스위스에서는 어항에 금붕어를 한 마리만 키우는 것은 불법이야. 금붕어도 사회적 동물이기 때문에 홀로 두는 건 동물학대라는 거야. 동물을 그토록 아끼는 나라답게 스위스는 세계 최

2023년 8월 26일 영국 트라팔가 광장 근처를 행진하는 동물 권리 시위대의 모습이야. 가운데 플래카드를 보면 반은 개이고 반은 돼지인 그림과 '유일한 차이점은 당신의 인식입니다'라는 문구가 적혀 있어. 개는 사랑하고 돼지는 아무렇지 않게 먹는 우리의 모순적인 행태를 비판하는 거지.

초로 동물의 존엄성을 보장하는 조항을 헌법에 명시했어. 인간에게만 붙이던 말인 존엄성(dignity)을 동물에게도 적용한 거야. 동물을 이용 대상으로 보는 게 아니라 인간과 어울려 살아가는 가치 있는 존재로 여기는 거지.

6차 대멸종

지구상의 생물은 지금까지 자연현상에 의해 5차례 대멸종을 겪었으며, 현재 인간에 의해 6차 대멸종을 겪는 중이라는 연구 결과가 나왔다. 약 200만 종에 달하는 지구 생물 중 이미 15만~26만 종이 사라졌고 대멸종이 심화되고 있다는 것이다.

: 순전히 인간이 벌인 일

전체 생물종의 약 60%가 멸종하는 것을 대멸종이라고 불러. 지금까지 지구에는 다섯 번의 멸종이 있었어. 지금까지 있었던 다섯 차례의 멸종은, 1차에서 4차까지가 4억 년에서 2억 년 전 사이에 일어났어. 가장 마지막 다섯 번째 멸종은 우리가 잘 아는 공룡 멸종이야. 공룡은 기원전 6600만 년경에 멸망한 것으로 알려져 있어.

이전까지 생물의 멸종은 급격한 기온 변화, 혜성 충돌, 해수면 상승, 화산 폭발 같은 자연적 사건으로 벌어졌어. 80~90% 의 지구 종이 사라졌지. 화석 기록을 통해 이런 멸종의 흔적을 확인할 수 있어. 이제 과학자들은 6차 대멸종에 대해 말하고 있어. 이번 대멸종의 원인은 바로 '인간 활동'이야.

어떤 학자들은 6차 대멸종이 이미 1950년대부터 시작된 것으로 보고 있어. 그 말이 맞다면 우리는 지금 대멸종의 시대 한복판을 걷는 중이야. 동물원의 사자, 하마, 얼룩말도 그대로 있고, 소 축사와 닭장과 돼지우리에 가축들이 복닥복닥 한가득인데 무슨 멸종이냐고 묻는 사람도 있겠지.

지금 이야기하는 대멸종은 주로 야생동물들에 관한 거야. 인간과 가축의 수는 엄청나게 많아졌지. 줄어드는 건 야생동물의 종류와 수야. 지구 전체 생물의 99%가 인간과 가축, 나머지 1%가 야생동물이라고 해. 도시에 사는 우리는 〈동물의 왕국〉 같은 TV 프로에서나 야생동물을 볼 수 있지. 그러니 소리 소문 없이 죽어 가는 야생동물에 대해 인지하기가 어려워. 많은 동물들이 멸종 위기라는 사실도 체감하지 못하지.

세상은 그런대로 순탄하게 잘 돌아가고 있다고 말하고 싶을지도 몰라. 하지만 지금 생태계는 난리가 났어. 아우성과 비명이 나고 있지만 우리가 그 소리를 못 들을 뿐이지. 게다가 우린 너무 바쁘기도 하고 휴대폰 화면에 집중하느라 자연의 변화에 무감각해. 기후 변화가 불러온 120년 만의 폭우, 150년 만의 해일, 130년 만의 무더위 같은 기상 이변 뉴스가 나올 때마다 우리는 떠올려야 돼. '어디선가 동식물들이 죽어 가고 있구나!' 지구상에 30만 년쯤 번식하며 살아온 어떤 곤충이 어쩌면 어제, 아니면 지난주 토요일에 멸종했을지도 몰라.

앞에서 6차 대멸종의 원인이 인간 활동이라고 했어. 그렇다면 대멸종을 멈추게 하는 것도 인간에게 달려 있어. 그 첫 번째 해결책은 기후 변화 문제를 막는 거야. 인간이야 남극이든 적도든 추우면 난방을 하고 더우면 에어컨을 틀며 어떻게든 살아남지. 인간에게는 에너지, 토목, 전기전자 기술이 있잖아. 하지만 생물들은 그렇지 않아. 차가운 바다를 좋아하는 명태나 오징어는 해수 온도가 높아지면 북쪽으로 서식지를 옮기기도 해. 하지만 어떤 생물은 그 온도 차이를 견디지 못하고 멸종해 버려.

다음으로 중요한 것은 생물 서식지를 보호하는 거야. 숲을 파괴하고 강과 갯벌을 개간하면 원래 그곳에 살던 동물들은 죽음에 내몰리게 돼. 다양한 동물들이 사는 지역을 사람의 발길이 닿지 않는 곳으로 만드는 건 동물들에게 더없이 좋은 일이야. 앞에서 인간 활동을 멈추고 자연을 그대로 두면 스스로 회복력을 발휘해 살아난다고 이야기했잖아. 코로나 이야기를 또 하지 않을 수가 없어. 코로나 기간 동안 여러 지역이 봉쇄되고 사람들의 이동이 멈추자 그러한 변화를 볼 수 있었지. 수많은 관광객의 유입으로 오염되었던 태국의 해변이 다시 깨끗해졌어. 스모그와 미세먼지가 뒤덮였던 인도 델리에서도 맑은 하늘을 볼 수 있었지. 세계 곳곳에서 야생동물의 수가 늘고 활동 반경이 넓어졌어.

또 다른 예로, 우리나라의 DMZ(비무장지대)는 1953년 이후 사람의 발길이 닿지 않았어. 그 결과 온갖 동식물을 보유한 보

우드 버팔로 국립공원은 1922년에 만들어진 캐나다 최대의 국립공원이야. 유네스코 세계문화유산으로 지정된 이곳은 세계에서 마지막으로 자유롭게 돌아다니는 들소(Wood Bison) 무리들을 보존하는 곳이며, 멸종 위기에 처한 백두루미의 보금자리이자 세계 최대의 비버 댐이 있는 곳이야. 출처 : natural world heritage site

물창고로 인정받고 있지. 6차 대멸종을 막을 방법은 인간 활동을 최대한 줄이고 자연이 스스로 회복력을 찾게 하는 데 있어.

씨앗 은행은 유사시에 대비하고 생물다양성을 보존하기 위해 식물의 씨앗을 수집·보관하는 시설이다. 유전자 은행의 일종으로 종자 저장고(Seed Vault)로도 불린다.

: 인류 최후의 날이 오면⋯ 씨앗 찾아가세요

"탑승하세요. 화성으로 출발합니다." 먼 훗날 우리는 화성으로 떠날 수 있을까? 한번 가면 다시는 못 돌아올 수도 있어. 경기도 화성시가 아니라 태양계의 네 번째 행성 화성이거든. 화성으로 이사 갈 때 무엇을 챙겨 가야 할까? 라면, 라이터, 물을 만드는 장치, 두루마리 화장지⋯. 그리고 아마도 씨앗이 필요할 거야. 우리의 몸에는 푸른 잎사귀가 필요하니까.

영화 〈마션〉에서 주인공은 나사(NASA) 팀과 함께 연구를 위해 화성에 갔다가 혼자 남겨져 지구로 돌아오지 못하게 돼. 동료들이 자기를 구하러 올 때까지 어떻게든 살아남아야 했어. 식물학자이기도 했던 주인공은 감자를 키우기로 해. 흙과 비료를 구하고 화학 지식을 이용해 물도 만들어.

사람에게는 필수 영양소를 주는 채소가 필요해. 식물은 우리가 먹고 입고 사용하는 온갖 것들을 품고 있어. 식량, 약품, 면직물, 건축자재 등 온갖 것이 식물에서 나오지. 사람들은 이토록 소중한 식물의 씨앗을 보관하기로 했어. 살다 보면 어떤 일이 생길지 모르니까.

노르웨이와 북극 사이에 있는 스발바르제도에는 2008년에 세워진 국제 종자 저장고가 있어. 산속 150미터 깊이에 묻혀 있는 이 저장고에는 100만 종의 작물의 씨앗이 저장되어 있어. 인류 문명의 기원, 1.3만 년의 인류 농업의 역사가 담겨 있는 곳이지. 우리나라의 벼, 보리, 콩, 옥수수 같은 토종 종자들도 있어. 이곳의 별명은 '지구 최후의 날 저장고'(Doomsday vault)야. 기후 변화 같은 환경 위기, 핵전쟁, 혜성 충돌 같은 재난이 벌어져서 식물이 멸종할 때를 대비해 씨앗을 종류별로 모아 두었기 때문이지. seedvaultvirtualtour.com에 들어가면 국제 종자 저장고의 내부를 볼 수 있어.

우리나라 경북 봉화에는 2015년에 세워진 백두대간 글로벌 시드볼트(Seed Vault)가 있어. 이곳은 야생식물 종자를 보관하는 세계 최초의 시설이야. 야생의 생물다양성이 줄고 있어서 식물유전자원을 보전하기 위해 세웠지.

영구 동토층의 스발바르 국제 종자 저장고는 '노아의 방주' 같은 역할을 하는 곳으로 전 세계 종자들을 보관해. 종자들을 보관하는 이유는 큰 재앙 이후에도 먹거리를 확보하기 위해서지. 시설을 둘러싼 영구 동토층은 전력 공급이 중단될 경우 저온의 환경을 유지하는 데 도움이 돼.

국제 종자 저장고에 들어갈 준비를 마친 독일의 종자들.

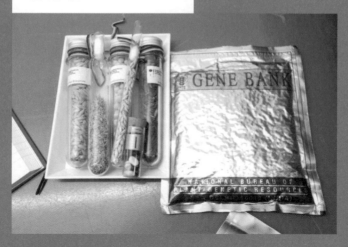

씨앗 은행(Seed Bank)이라는 곳도 있는데, 말 그대로 씨앗을 보관하는 은행이야. 여윳돈을 저축해 뒀다가 쓸 데가 있으면 다시 꺼내 쓸 수 있는 곳이 은행이듯이 씨앗 은행 역시 씨앗을 모아 두었다가, 특정한 식물에 이상이 생겼을 때 다시 발아시켜 식물을 복원시킬 수 있도록 만든 은행인 셈이야. 씨앗 은행은 전 세계에 1,500개 정도가 있어.

그런 일은 없어야 하겠지만 만약에 인류 최후의 날이 온다면 엄청나게 많은 종의 식물들이 멸종하게 될 거야. 식물 종자는 한번 사라지면 복구할 수 없어. 바나나, 사과, 딸기, 복숭아, 수박 같은 과일이 멸종한 세상을 상상해 봐. 슬픔과 상실감으로 가슴이 먹먹해지겠지.

언젠가 그곳에서 씨앗을 꺼내 써야 한다면 인류에게 좋지 않은 일이 벌어졌다는 의미일 거야. 그러니 앞으로 영영 꺼내 쓸 일이 없길 바라야겠지. 그냥 영원히 간직만 했으면 좋겠어. 시드볼트에 대한 기록이 이렇게 끝나면 좋겠어. "인류는 대멸종, 핵전쟁, 환경재난 같은 멸망이 닥쳐올 것에 대비해 씨앗을 모아 두었다. 하지만 그것을 실제로 쓸 일은 없었다. 천만다행이었다. 이상 끝."

동물 보호는 동물의 권익을 확대하고 동물을 보호하기 위한 활동들이다. 채식을 권장하거나, 환경 보호의 일환으로 동물을 보호하기도 하며, 서식지 보호를 위해 개발 사업을 반대하는 경우도 있다.

: 그들을 끼킬 힘이 우리에게 있다

돌고래가 다이버들에게 다가와 빙글빙글 돌며 이상한 몸짓을 해. 알고 보니 낚싯바늘이 박힌 돌고래가 사람들에게 도움을 청한 거야. 상어에게 쫓겨 사람에게 도와 달라고 다가온 거북, 엄마를 잃고 사람에게 다가와 몸을 부비는 아기 사슴도 있지. 곤경에 빠진 동물들은 인간이 자기들을 도와줄 힘이 있다는 것을 본능적으로 아는 것 같아. 지금부터는 동물을 돕기 위해 나선 사람들의 노력에 대해 알아보자.

로드킬은 도로를 건너던 동물이 차에 치어죽는 것을 말해. 산이 많은 우리나라는 산을 뚫어 터널을 만들거나 산과 들을 가로질러서 도로를 만드는 일이 많아. 인간에게는 유용한지 몰라도 이 때문에 동물의 서식지가 반동강 나는 일들이 많아.

고라니의 입장에서 생각해 보자. 고라니가 태어난 곳은 엄마와 뛰놀던 자연이야. 흙길을 밟고 풀도 건드려 보고 열매를 입으로 툭 깨물어 보기도 했지. 이제 저 언덕 쪽으로 건너가야

싱가포르에 있는 생태 통로야. 생태 통로는 도로 및 철도 등에 의하여 단절된 생태계를 연결하고 야생동물이 이동할 수 있도록 돕는 인공 구조물이지. 출처 : nparks

해. 좋아하는 간식인 국화 잎사귀가 있거든. 친구들도 만나야 하고. 그런데 전에 없던 반듯한 길이 있네. 고라니는 성큼성큼 그 길을 건너지. 그러다가 달려오는 차에 꽝.

우리나라에서 로드킬은 연간 5천 건 이상 발생하고 있어. 아스팔트 도로가 생기고 차들이 쌩쌩 달려도 고라니, 너구리, 멧토끼, 직박구리, 멧돼지에게는 거기가 여전히 자기 고향이야. 태어나서 자라온 그곳을 떠나서 어디로 가겠어. 이런 동물들을 위해 사람들은 생태 통로를 만들었어. 동물 서식지 한가운데에 도로가 생겼을 때 동물들이 건너갈 수 있도록 만든 통로야. 한 곳을 예로 들면, 서울 항동 천왕산에는 폭 90m, 길이 30m의 생태 통로가 있어. 서울 구로와 부천시를 잇는 도로가 생겨서 서식지와 단절될 위험이 생기자 만든 거야. 그 덕분에 천왕산에 사는 족제비, 멧토끼, 너구리, 도룡뇽이 이쪽저쪽으로 들락날락할 수 있게 되었지.

도로의 투명 방음벽이나 건물 통 유리창은 '죽음의 벽'이라고 불려. 새들이 투명한 창을 하늘로 인식하고 그대로 통과하려다가 부딪혀 죽는 거야. 우리나라에서는 1년에 800만 마리가 목숨을 잃는다고 해. 이것을 막으려고 사람들은 새 충돌 방지 스티커를 붙이고 있어. 투명 창이나 방음벽에 작은 점들로 된 스티커를 붙이는 거지. 그곳이 통과할 수 없는 벽인 것을 새들에게 알려 주는 거야. 이 스티커만 붙여도 사고율이 90% 정도 줄어든다고 해. 하지만 고층 빌딩에 이 스티커를 붙이려면 꽤 많은 돈이 들기 때문에 취지를 알면서도 많은 사람들이 망설이고 있어.

우리나라에서는 갯벌이나 바다를 메워 공업 용지나 농지로 쓰는 간척 사업이 활발하게 일어났어. 앞에서 이야기한 새만금 방조제 사업 같은 거야. 국토가 작은 나라에서 땅이 넓어지는 효과가 있었지. 하지만 해안 생태계 파괴라는 비판도 받았어. 갯벌은 수천 종의 생물이 사는 생태계의 보물창고 같은 곳이야.

게다가 기후 변화를 막는 갯벌의 기능도 주목받고 있지. 갯벌은 자동차 수십만 대가 배출한 온실가스를 흡수하는 능력이 있다고 해. 그래서 매립했던 갯벌을 복원해서 원래의 상태로 돌려놓으려는 노력들을 하고 있어. 이미 네덜란드와 독일, 덴마크는 북유럽 와덴해의 갯벌을 복원했어. 우리나라 순천만에서도 더 이상 안 쓰는 염전에 바닷물 길을 내서 갯벌로 복원하는 데 성공했어. 갯벌을 되찾은 게, 갯지렁이, 새들이 정말 좋아하겠지.

위기에 빠진 동물들을 도우려는 사람들도 있어. 덴마크의 페로 제도에서는 매년 여름 고래잡이 축제가 열려. 배가 고래들을 해안가로 몰면 사람들이 갈고리와 칼을 이용해 잡는 행사야. 들쇠고래 수백 마리가 살육되어 바다가 온통 핏빛이 돼. 일본 타이지 마을에서도 매년 수천 마리의 돌고래가 떼죽음을 당해. 보트를 이용해 돌고래를 연안으로 몰면 사람들이 작살과 몽둥이로 죽이지. 국제포경위원회와 국제기구는 이런 잔인한 일을 제대로 막지 못하고 있어. 그래서 동물보호단체와 다큐멘터리 감독들이 이 끔찍한 학살 현장을 촬영해서 전 세계에 고발하고 있지. 〈더 코브: 슬픈 돌고래의 진실〉이라는 다큐멘터리를 꼭 봤으면 좋겠어. 마을 어부들이 돌고래 수백 마리를 몰아 잔인하게 살해하는 모습은 정말 충격적이야. 이렇게 희생된 돌고래 일부는 포획돼 일본과 중국 아쿠아리움 등에 팔리고 나머지는 고래 고기용으로 도살된다고 해.

　"큰 힘에는 큰 책임이 따른다." 영화 〈스파이더맨〉에 나오는 명대사야. '지구의 관리자'라는 면에서 인간에게는 엄청난 힘이 있어. 무언가를 파괴할 힘도 살릴 힘도 있지. 인간은 이러한 힘을 발휘해 적극적으로 동물들을 돕고 구해야 해. 인간과 동물의 생존과 건강은 서로 연결되어 있다는 사실을 잊으면 안 돼. 인간만 혼자 잘 먹고 잘 산다? 기후 위기와 생물다양성 파괴로 이게 얼마나 틀린 생각인지 드러나고 있지. 동물들이 행복해야 인간도 행복하고, 동물들이 건강해야 인간도 건강하다는 생각이 점점 확산되고 있어.

파 괴
된
까 연

	삼	림	파	괴
		사	막	화
해	수	면	상	승
해	양	산	성	화
		피	클	리
코	로	나	1	9
	기	상	이	변

삼림은 생태계의 핵심이며 지구의 기후를 안정화하는 매우 중요한 역할을 한
다. 불법 벌목, 환경 파괴로 인한 삼림의 감소는 생태계의 불균형과 기후 변화
위기로 이어지고 있다.

: 인간, 숲의 파괴까

8천 년 전 지구는 육지의 절반이 숲으로 뒤덮여 있었어. 지
금은? 숲의 비율이 30%밖에 안 돼. 그 동안 무슨 일이 있었던
걸까?

지구의 대규모 삼림은 주로 열대나 아열대 지역에 있어. 흔
히 정글이라 불리는 열대우림이지. 세계 최대 열대우림은 아마
존이야. 브라질과 이웃 국가들에 걸쳐 있고 한반도의 30배가
넘는 대단한 면적을 자랑하지. 아마존 밀림은 지구 산소의 3분
의 1을 생산해 내고 있어. 아마존에 이어 두 번째로 큰 숲은 주
로 콩고민주공화국에 걸쳐 있는 중앙아프리카 열대림이야. 아
시아에서는 인도네시아의 수마트라 섬과 말레이시아의 보르네
오 섬이 대표적이야.

숲의 역할이 얼마나 중요한지는 책 수십 권을 써도 모자랄
거야. 숲은 이산화탄소를 흡수하고 산소를 만들어 내는 지구의
'산소 공장' 역할을 해. 또 온실가스를 흡수해 기후 변화를 막고

지구의 온도를 조절하는 핵심적인 기능을 해서 '지구의 에어컨'이라고 할 수 있어. 미세먼지를 걸러 주고 대기 정화 기능을 하니 지구의 '공기청정기'이기도 해. 또 숲은 빗물을 저장해 두었다가 필요할 때 물을 내어 주는 지구의 '물탱크'야.

숲은 다양한 생명들이 깃들이는 곳이야. 전 세계 생물종의 절반 정도가 열대우림에 살고 있어. 의약품 원료의 25%가 나올 정도로 열대우림은 인류의 생존과 건강에도 중요한 곳이야. 제약 회사들은 숲에 사는 수만 종의 생물에서 항균, 항암 물질을 추출해서 사용하고 있어.

그런데 이렇게 소중한 숲이 파괴되고 있어. 숲은 대도시 주거 단지, 아스팔트 도로, 공장 단지, 목장, 농경지가 되었어. 보통 '개발'이란 이름으로 숲의 파괴가 이루어져. 숲의 중요성에 비하면 숲을 파괴해서 얻는 이득이란 미미하다고 할 수 있을 거야. 열대우림을 파괴한 대가로 얻는 대표적인 상품을 꼽으라면 콩, 팜유, 목재, 아보카도, 소고기 등을 들 수 있어.

2000년 이후 밀림 파괴는 더 빠르게 진행되었어. 사람들의 소득 수준이 올라가면서 육류 소비가 더 늘어났기 때문이야. 종이 때문에 사라지는 숲, 나무젓가락 때문에 사라지는 숲, 라면 때문에 사라지는 숲도 있어. 나무젓가락은 전 세계적으로 한 해에 800억 개 정도 쓰인다고 해. 사발면을 먹을 때 빼고는 별로 쓰지 않는다고 생각하는 사람도 있겠지만 우리나라에서도 연간 25억 개나 쓴다고 하지. 나무젓가락을 만드느라 한 세대를 거쳐 가꾼 숲 하나가 몽땅 사라지는 셈이야.

하늘에서 본 아마존 삼림의 모습. 야자열매와 아보카도를 재배하느라 엄청난 면적의 숲이 사라졌어.

바이오에탄올에 대해 들어 본 적 있어? 바이오에탄올은 옥수수 알곡, 사탕수수에서 얻은 포도당을 발효해 만드는 연료야. 화석 연료에 비해 친환경적인 연료로 알려져 있어. 하지만 이 연료를 생산할 작물을 심느라 숲을 파괴하고 있대. 그렇게 따지면 바이오에탄올을 친환경 연료로 보는 게 맞는지 의심이 들어.

'개발'이라는 이름으로 숲을 파괴한 대가는 너무나 크고 인류의 미래는 어두워지고 있어. 기후 변화를 일으키는 온실가스를 가장 많이 배출하는 요인은 화석 연료 사용이야. 그러면 두 번째 요인은 무엇일까? 바로 삼림 파괴야. 삼림 파괴는 인간 활동으로 인한 이산화탄소 방출의 12%를 차지해. 숲을 태우면서 나오는 탄소도 문제지만 숲이 사라지면서 탄소를 흡수하는 기능을 잃어버리는 것도 문제야. 그러니 숲을 없앤다는 것은 기후 변화에 이중으로 좋지 않은 일이지. 아마존에만 탄소 2천억 톤이 저장되어 있다고 해. 삼림 파괴를 멈추지 않으면 기후 변화를 막는 것도 불가능하다고 할 수 있지.

어디 그뿐일까. 열대우림이 파괴되면서 앞에서 이야기했던 생물다양성이 사라지고 있어. 야생동물들이 인간 활동의 영향에서 벗어나 끼리끼리 살아가기에 숲만큼 좋은 곳은 없어. 이 숲이 파괴되니 서식지를 잃은 생물들이 멸종을 맞이하는 거야. 우리가 보통 멸종 위기를 말하면 동물의 멸종을 말하는데, 숲이 파괴되면서 생기는 식물의 멸종도 심각한 문제야. 먹이사슬의 가장 밑바닥을 받치고 있는 식물이 멸종되면 먹이사슬 전체에 금이 가기 때문이야.

사 막 화

자연 및 인간의 활동으로 인해 지역이 건조해져 사막처럼 되어 가는 현상을 말한다. 현 시점에서는 육지의 약 3분의 1이 건조 또는 반건조 지역이다.

: 점점 늘어나 지구의 미래를 위협하는 사막

사막이 점점 늘어난다? 우리는 사막이 없는 나라에 살아서 얼른 의미가 와닿지 않지. 하지만 육지 면적의 33%가 사막이야. 사막은 우리가 잘 아는 사하라와 사우디아라비아 사막 같은 것만 의미하지 않아. 넓은 의미로는 비와 눈이 거의 안 오는 건조한 땅을 가리켜. 사람이 살 수 없는 황량한 땅이지. 이런 사막 지역이 날이 갈수록 늘어나고 있어.

비가 적게 내리는 건조한 땅이 점점 사막이 되는 현상을 사막화라고 해. 이 역시 인간 활동이 그 원인이야. 앞 장에서 숲의 파괴에 대해 알아보았잖아. 목재를 얻기 위해 과도하게 벌목을 하면서 땅이 황량해지고 있어. 또 대규모 농장이 늘어나면서 물도 고갈돼. 특히 목화 재배나 섬유산업은 엄청난 물을 소비하지. 그 대표적인 예가 중앙아시아에 있는 아랄해야. 1960년대에 세계에서 4번째로 큰 호수였던 아랄해는 날로 쪼그라들더니 아주 일부만 남고 거대한 소금 사막이 되어 버렸어. 목화 재배를 하겠다고 아랄해로 통하는 물줄기를 막았기 때문이야.

사막화의 결정적인 원인은 기후 변화야. 기온이 올라가서 과도하게 많은 물이 증발하고, 산불이 자주 일어나면서 땅이 마르고 황폐해져. 가뭄이 심해져 식물이 죽으면 땅은 더 헐벗고 풍화작용으로 인해 침식이 이루어져. 건조한 지역이 사막화되면 그걸 원래대로 돌려놓는 것은 불가능에 가까운 일이야.

사막화의 심각성을 깨닫게 된 국제사회는 사막화방지협약

한때 아랄해 해저였던 곳에 버려진 선박들의 모습이야. 아랄해처럼 사막화가 되는 지역은 점점 늘어나고 있어.

(UNCCD)을 맺었어. 기후변화협약, 생물다양성협약과 함께 세계 3대 환경 협약 중 하나야. 국제사회는 사막화를 가장 시급한 환경 문제 중 하나로 받아들이고 있어. 사막화는 환경을 망가뜨릴 뿐 아니라 인류의 생존 자체를 위협하는 심각한 문제이기 때문이야.

사막화는 어떤 문제를 일으킬까? 우선 토양의 질이 떨어지면서 작물이 제대로 자라지 않아. 그러면 식량 생산에 문제가 생기지. 또 사막화된 땅에 있는 담수의 양과 질이 나빠지게 돼. 식물이 물을 머금고 있어야 습지와 지하수가 유지되거든. 물이 부족해지면 식량 생산이 줄고 빈곤과 기아 상태가 악화돼.

세계 인구는 80억을 넘어 100억 명을 향해 나아가고 있어. 그중 26억 명이 농업에 종사하지. 그 대다수가 개발도상국에서 살고 있어. 중국을 넘어 세계 최대 인구 대국이 된 인도의 경우 인구의 70%가 농업에 의존하고 있어. 사막화가 심해지면서 농사를 지을 수 있는 땅이 점점 줄어들면 농업으로 생계를 잇는 이들의 삶이 위협받게 돼.

사막화가 넓게 발생하는 지역은 아프리카 사하라 이남이야. 가뜩이나 경제적으로 어렵고 농업 인구가 많은 곳이 사막화의 가장 큰 위협을 받고 있지. 식량 생산이 줄고 기아가 심해지면 난민이 발생하게 돼. 또 사막화로 목초지나 수자원이 부족해진 지역에선 전쟁이나 무력 충돌이 일어나기도 하지.

기후 변화와 사막화는 서로 연결되어 있어. 땅은 식물을 자라고 열매 맺게 하는 역할만 하는 게 아니야. 땅에 탄소를 묶어두어 기후 변화를 막는 기능도 해. 기후 변화로 땅이 점점 사막화가 되면 초목과 습지가 사라져. 그러면 온실가스를 흡수하는 땅의 기능이 약해지거나 사라지게 돼. 이런 식으로 사막화와 기후 변화의 나쁜 연쇄작용이 이어지는 거야.

| 해 | 수 | 면 | 상 | 승 |

지구 온난화에 따라 대륙 위에 존재하는 빙하가 녹아 바다로 흘러 들어가고, 수온 상승에 따른 해양의 열 팽창으로 인해 바닷물의 부피가 커져 해수면이 점차 상승하는 현상이다.

: 옛날에 투발루라는 섬나라가 있었끼…

전 세계 바다는 매년 2~3mm 정도씩 해수면이 높아지고 있어. 겨우 3mm라고? 하지만 이게 10년이면 3cm가 되고 100년이면 30cm가 되는 거야. 1880년대 이후 해수면은 23cm나 높아졌어. 이렇게 해수면이 높아진 원인이 뭘까?

지금 우리가 겪고 있는 환경 문제의 기원은 1850년대로 거슬러 올라가. 산업화가 본격적으로 시작되면서 석탄을 많이 때기 시작한 때지. 석탄에서 나오는 온실가스가 늘어나면서 기후 변화가 시작되었어. 20세기부터 석유에 의존하는 산업이 본격화되면서 기후 변화는 한층 더 악화되었지. 그 결과 해수면도 덩달아 높아진 거야.

기후 변화와 해수면 상승은 두 가지 면에서 연관이 있어. 첫째, 기온이 오르면서 빙하나 빙상이 녹게 돼. 1990년대 이후 그린란드와 남극의 빙상들이 빠르게 녹고 있어. 만년설이 쌓인 산에서도 빙하가 흘러내리지. 녹아 버린 아이스크림처럼 한번 녹은 얼음 산들은 되살릴 수 없어. 육지에 담수를 저장하던 빙하가 녹아 버리자 바닷물이 많아지고 그 결과로 해수면이 높아지지. 둘째, 물이 뜨거워지면 물의 부피가 팽창하게 돼. 바닷물의 온도가 높아지면서 물이 팽창해서 해수면이 높아지는 거야.

해수면 상승은 엄청난 재난이야. 우리가 살아가는 터전을 잃게 되는 문제니까. 보통 바다 가까이에 국가의 수도나 대도시가 있는 경우가 많아. 전 세계 인구의 3분의 1이 해안선 근처에 살고 있어. 해수면이 높아지면서 이 도시들이 잠길 위험에 처하게 되는 거야.

해수면 상승은 단순히 땅이 줄어드는 문제에서 그치는 게 아니라 나라가 통째로 사라질 수도 있어. 남태평양의 산호초 섬나라들, 그중에서도 투발루, 키리바시 공화국, 나우루 공화국, 몰디브 등은 앞으로 50년 이내 완전히 잠길 것으로 예측하고 있지.

투발루의 경우, 매년 해수면이 5mm씩 상승하고 있어. 만조가 되면 마을 이곳저곳이 잠기기 시작해. 짠 바닷물이 올라오면서 밭에는 작물이 자라지 못해. 이미 2천 년대 초반부터 투발루 정부는 뉴질랜드 등의 이웃 국가에 이민을 요청하고 있어. 마을 사람들이 할 수 있는 일이라고는 바닷물이 넘어오지 못하게 집과 학교 주변에 돌과 바위로 제방을 쌓는 일이야. 얼마나 버틸 수 있을지는 알 수 없어. 언젠가 투발루가 바닷속으로 사라진다면 인류 전체에게 아주 슬픈 날이 될 거야.

태평양 섬들 외에도 방글라데시, 인도, 뉴질랜드, 브라질, 미국 동부 지역도 위험해. 암스테르담, 베니스, 호치민, 콜카타, 방콕, 다카, 상하이 같은 주요 도시들이 바닷속에 잠길 위험에 처했어.

해수면 상승에 가장 취약한 곳 중 하나는 방글라데시야. 이 나라는 남한보다 살짝 큰 영토에 인구는 1.6억 명이나 되어서 인구 밀도가 세계 최고인 나라야. 방글라데시는 해양 침식에 취약해. 방글라데시 국토의 17%가 2050년 내에 잠길 것으로 예상하고 있어. 그곳에 살던 2천 만 인구의 마을과 집이 사라진다

2003년 7월

2008년 8월

거의 같은 시기, 같은 장소에서 촬영된 브릭스달 빙하의 두 가지 풍경. 위의 사진은 2003년 7월 말에 찍은 사진이고, 아래 사진은 2008년 8월 4일에 찍은 사진이야. 5년 만에 빙하는 줄어들고 아래 호수는 늘어난 걸 볼 수 있어.

는 의미야.

해수면 상승은 인간뿐 아니라 동물들에게도 심각한 재앙이야. 해안이 침식되면서 해안가를 보금자리 삼아 살던 생물들의 서식지가 파괴되기 때문이지. 우리는 해안가 생물들의 멸종 소식을 앞으로 더 많이 듣게 될 거야.

과학자들은 무서운 전망을 하고 있어. 북극의 여름 빙하가 2050년 이전에 다 녹아 버릴지 모른다는 거야. 기후 재난의 강도와 빈도가 올라가는 거지. 최악의 시나리오는 기온이 1.5℃ 이상 올라가는 경우 2100년까지 해수면이 1m까지 높아질 수도 있다는 거야.

해수면 상승이 예견된 미래가 되자 사람들은 여러 가지 대비에 나서고 있어. 몰디브는 국토의 80%가 해발 1m 아래야. 2100년 해수면이 1m 상승한다면 국토 대부분이 바다에 잠기게 돼. 그 대안으로 몰디브 정부는 둥둥 떠다니는 인공 섬을 만들고 있어. 집, 상점, 회사, 호텔, 학교 등 없는 게 없고 2만 명 정도가 살 수 있지. 몰디브가 인공 섬으로라도 남아 있게 돼서 다행이지만 이전 몰디브 섬의 땅은 영영 사라지겠지. 당연하게 간직하던 것을 잃어버리는 것, 그리고 영원히 되찾을 수 없다는 건 슬픈 일이야. 인도네시아는 수도를 자바섬의 자카르타에서 보르네오섬으로 이전하려고 준비 중이야. 국토의 50%가 해수면

보다 낮은 네덜란드는 도시 방벽, 배수 시설 등을 갖추고 있어.

이런 대책들도 좋지만 근본적인 대책은 화석 연료 사용을 중단해 지구 온도 상승을 막는 거야. 당장 화석 연료를 하나도 안 써도 해수면 상승을 완전히 막을 수 없다고 해. 하지만 온 인류가 지혜와 노력을 짜내어 최악의 시나리오는 막아야 해. 대재앙이 시시각각, 넘실넘실 다가오고 있어.

미국 전 부통령이자 환경 운동가인 엘 고어의 『불편한 진실』이란 책에는 전 세계적으로 산악 빙하가 녹아내리는 상황을 담담하게 설명하는 대목이 있어. 저자는 이렇게 말하지. "미국 국립 빙하공원은 곧 '한때 빙하가 있었던 공원'으로 이름을 바꾸게 될 것이다." 앞으로 지구 곳곳에는 그런 과거형 이름이 많이 생길 것 같아. 메마른 땅을 가리키며 호수가 있었던 곳, 사막을 가리키며 푸른 초목이 있었던 곳, 바다 가운데를 가리키며 섬나라가 있었던 곳이라고 말이야. 그리고 옛 영상을 보여 주며 이렇게 시작되는 이야기를 들려주는 거지. "옛날에 투발루라는 섬나라가 있었지. 지금은 바다 아래 가라앉은…."

바닷물은 기본적으로 약한 염기성을 띠고 있는데, 이것이 점점 산성으로 변해 가는 현상을 해양 산성화라고 한다. 대기 중의 이산화탄소가 주원인으로 꼽히고 있다.

: 하양게 죽어 가는 바다

우주에서 찍은 지구의 모습은 푸른색이야. 지구를 '푸른 구슬'이라고 부르는 이유지. 그럼 지구는 왜 푸르게 보이는 걸까? 지구 표면적의 72%를 차지하는 푸른 바다 때문이야. 우주에서 지구를 보면 바다가 워낙 커서 대륙은 그저 큰 섬처럼 보이지. 지구는 어쩌면 '바다 행성'이라 부르는 게 어울릴지 몰라. 바다는 이렇게 넓은 만큼 지구 환경에 중대한 역할을 하고 있어.

바다는 온갖 자원과 인류의 먹거리가 나오는 곳이야. 바다에서 생계 수단을 얻는 사람들의 수는 30억 명이나 돼. 바다를 지키는 건 인류의 생존이 달린 문제이지.

또 바다는 탄소를 흡수해. 대기에 있는 이산화탄소의 30% 정도를 흡수해서 대기 온도를 알맞게 유지해 주지. 이산화탄소는 바다에 녹기도 하고 다시 대기로 나오기도 하면서 순환되고 있어. 이산화탄소가 물에 녹아 탄산이 생기면 이 탄산칼슘으로 조개껍질, 바다 생물, 플랑크톤이 성장해. 우리가 즐겨 먹는 조

개, 김, 미역도 모두 바다가 흡수한 탄소로 자라는 거야.

그런데 대기 중 탄소가 크게 늘어나면서 이상 현상이 생겼어. 바다가 탄소를 너무 많이 흡수해서 산성화된 거야. 이것을 해양 산성화라고 해. 지금까지 균형을 지켜오던 바다의 산성 농도가 깨지면서 문제가 생기기 시작한 거지.

해양 산성화는 해양 생태계 파괴를 의미해. 대표적인 문제가 산호의 백화현상이야. 백화현상을 성게의 불모지(Urchin barren)라고도 부르는데, 백화현상이 발생할 경우 마지막까지 남는 해양 생물이 성게이기 때문이야. 외국의 사례를 보면 백화현상이 발생한 암반 위에 성게만 무성한 사진을 흔하게 찾아볼 수 있어. 산호를 흔히 '바다의 열대우림'이라고 불러. 육지의 숲이 그렇듯 바다의 숲인 산호도 바다에 산소를 공급하고 이산화탄소를 흡수하는 역할을 해. 산호는 물고기들의 서식처이기도 해. 해양 생물종의 3분의 1이 산호초에 의존해 살아가지. 해양 생물다양성을 지켜 주는 든든한 방어막이야. 산호는 또 해안의 침식, 범람 같은 자연재해를 막아 주는 역할도 해.

그런데 백화현상으로 산호가 사라지고 있어. 알록달록한 산호가 하얀 재처럼 변하면서 죽는 거야. 육지의 숲 파괴가 기후와 생물다양성에 심각한 위협이 되듯이 바다의 숲인 산호의 죽음도 마찬가지야. 산호가 앙상한 뼈만 남기고 죽어 갈수록 해양의 서식지, 다양한 생물종도 사라지게 되지.

세계 최대의 산호초 지역인 호주 북동쪽의 그레이트 배리어 리프로 가 보자. 이곳은 산호가 2천km 넘게 펼쳐져 있는 거대한 산호초 지대야. 해양 산성화와 수온 상승으로 이곳에도 백화현상이 일어났어. 수온 상승을 막지 못하는 한 바다의 미래는 없어.

호주 그레이트 배리어 리프에서 대규모 산호 백화현상이 발생했어.
산호들이 자신의 색깔을 잃고 하얗게 변해 버렸어.

산호는 원래 이런 색이야.
색깔이 정말 다채롭지.

피 즐 리

피즐리(Pizzly bear)는 북극곰과 회색곰의 이종교배에서 태어난 새로운 종으로 2006년 캐나다에서 최초로 발견되어 보고되었다.

: 북극곰인 듯 갈색곰인 듯

서로 다른 품종이 섞인 믹스 견은 우리에게 익숙하지. 그런데 믹스 곰도 있다고? 북극곰과 회색곰의 이종교배종인 피즐리(북극곰 아빠, 갈색곰 엄마)와 그롤라(회색곰 아빠, 북극곰 엄마)야. 2006년 사냥꾼에 의해 처음 발견된 이후 수가 늘어나고 있어.

북극곰은 기후 변화의 상징과도 같은 동물이야. 기후 변화로 북극의 빙하가 녹고 서식지를 잃은 북극곰들이 먹이를 찾아 마을까지 내려와 쓰레기통을 뒤지는 장면은 뉴스에 자주 등장하고 있어. 빙하가 사라지자 서식지와 먹이를 찾아 남쪽으로 가던 북극곰 그리고 날이 더워지자 북쪽으로 올라가던 회색곰이 만났어. 둘은 어찌어찌 친해졌고 둘 사이에서 혼혈종이 나왔어. 북극곰도 아니고 회색곰도 아닌 아기 곰이.

세계자연보전연맹(IUCN)은 21세기 말에 북극곰이 지구상에서 멸종할지 모른다는 연구 결과를 내놓았어. 굶주려 뼈가 앙상한 북극곰을 보면 과장이 아니야. 이렇게 북극곰이 살 곳을 잃고 멸종 위기에 처한 지금 이종교배종이 나타났어. 그런데 새로운 종이 탄생했다고 마냥 축하할 일은 아닌 것 같아. 이것은 사자와 호랑이가 교배되어 나온 품종 '라이거'처럼 인위적인 현상이 아니야. 지구 온난화로 인한 생존을 위한 선택, 그러니까 생존을 위한 자연적인 현상이라고 볼 수 있지.

피즐리의 모습. 북극곰과 회색곰은 서식지가 완전히 달라서 피즐리는 2010년 이전에는 보기가 어려운 희귀한 혼혈종이었지만, 2020년대 들어 지구 온난화가 가속화되면서 북극곰의 서식지이던 북극의 환경이 격변하여 북극곰들이 남하하고, 반대로 냉대기후에서 서식하는 회색곰들이 북상하기 시작하면서 이 두 종의 서식지가 부분적으로 겹쳐 그 수가 계속 증가하는 추세야.

피즐리의 서식지는 바다와 육지 중 어디일까? 물개를 먹어야 하나 연어를 먹어야 하나? 개구리가 물과 육지에 걸쳐 살 듯 피즐리도 북극과 숲속 양쪽에 자리 잡고 살 수 있을까? 생태계에 미칠 영향은 어떨까? 과학자들의 연구 과제이지.

그렇다면 피즐리를 멸종 위기에 처한 북극곰이 환경에 적응한 것으로 봐야 할까 아니면 생태계 질서가 어지럽혀진 것으로 봐야 할까? 인간 활동의 개입 없이 자연에서 이루어진 것이라면 적응으로 보아야 하겠지. 하지만 피즐리의 경우는 달라. 누구에게나 자기에게 꼭 맞는 자리, 아늑한 땅과 집이 있어. 북극곰은 그걸 잃고 새로운 땅에 왔다가 피즐리가 태어났어. 인간의 활동이 불러온 기후 변화의 기괴하고 씁쓸한 상징을 본 것 같아 안타까움이 느껴지지.

코	로	나	1	9

2019년 11월, 중국 우한시에서 처음으로 발생하여 보고된 변종 코로나 바이러스에 의해 발병한 급성 호흡기 전염병이다.

: 숲속에서 꼬물대던 바이러스를 불러낸 것은?

코로나19는 2019년 말에 나타나 전 세계적으로 유행하는 전염병인 팬데믹이 되었어. 세계보건기구(WHO)에 따르면 코로나로 약 700만 명이 사망했어(2023년 4월 기준). 코로나는 우리가 사는 방식과 생각을 많이 바꿔 놓았지.

코로나19는 동물에서 사람으로 옮겨진 전염병이야. 과학자들에 따르면 코로나 바이러스는 중국 남부, 라오스, 미얀마에 살던 박쥐에 기생하던 바이러스라고 하지. 그러면 질문. 야생 박쥐에 있던 바이러스가 왜 사람에게 옮겨 온 것일까?

과학자들은 코로나와 기후 변화의 연관성에 대해 여러 의견들을 내고 있어. 멸종, 해수면 상승, 자연재해 등 안 좋은 일만 생겼다 하면 기후 변화가 범인인데 이번에도 마찬가지네. 그런데 바이러스는 우주에서 뚝 떨어진 게 아니야. 지구는 원래 바이러스의 천국이야.

인구가 늘고 도시가 커지면서 숲이 파괴되고 농업이 확대되었어. 기후 변화로 동물 서식지의 경계가 무너지고 개발, 홍수, 산불로 생태와 서식지가 파괴되면서 사람들과 야생동물의 접촉이 늘어났지. 그러자 야생동물에 기생하던 바이러스가 사람과 가축에게 전파되기 시작했어. 탄저병, 에볼라, 살모넬라균이 그 예야. 또 사람, 상품, 농산물, 축산물이 이동하면서 바이러스는 더 넓은 지역으로 번졌어. 야생동물과 인간의 접촉은 점점 더 잦아지고 있어.

인도에서는 호랑이가 마을로 넘어와서 주민들이나 개를 물어가는 일이 있어. 이건 호랑이의 잘못이 아니야. 숲 개발로 호랑이 서식지가 사라지고 경계가 사라지면서 생긴 일이지. 바이러스도 원래 살던 야생동물의 몸을 벗어나 인간과 가축에게 온 거야. 바이러스는 그저 야생동물들과 더불어 잘 살게 두면 되는 거야. 서로 건들지 않고 제 갈 길 가면 되는 거였다고.

코로나는 생물다양성 감소와도 연관이 있어. 앞에서 지구에 사는 생물의 1%가 야생동물이고 나머지 99%는 인간과 가축이라고 했었지. 바이러스 입장에서 생각해 보자. 기후 변화로 야생동물들이 멸종하고 있어. 야생동물에 기생하던 바이러스는 살아남기 위해 다른 삶의 터전으로 갈아타야만 하지. 그렇게 해서 찾은 곳이 기러기, 오리, 닭, 돼지 그리고 이어서 인간이야. 그 결과 조류독감, 돼지독감 같은 질병이 유행해 가축을 살처분하는 일들이 벌어져. 살처분(殺處分)이란 말 들어 봤지? 살처분이란 가축 전염병의 확산을 방지하기 위하여 감염 동물뿐 아니라 감염 동물과 동일한 축사에 있는 동물, 발병 농가와 가까운 곳에 위치한 농가의 동물을 죽여 땅에 묻는 행위를 말해. 너무나 안타까운 일이지. 살처분은 우리의 생각보다 빈번하게 벌어지고 그 규모 또한 어마어마해.

코로나 팬데믹은 어쩌다 우연히 생겨난 것이 아니야. 인간 활동이 차곡차곡 쌓여 일어난 재난이라고 할 수 있어. 어떤 과학자들은 코로나19가 끝이 아니라고 말해. 지금까지 인간에 접촉해서 질병을 일으킨 바이러스는 사실 전체 바이러스의 극히 일부라고 해. 우리가 모르는 바이러스가 숲 어딘가에서, 어느 야생동물의 배 속에서 지금도 꼬물거리고 있어. 야생동물에게 붙어 있을 때는 말썽을 일으키지 않고 얌전하던 바이러스가 가축이나 인간의 몸에 들어오면 엄청난 질병을 일으켜. 기후 변화가 심해지고 자연이 더 파괴되면 앞으로 또 어떤 바이러스가 모습을 드러낼지 우리는 알 수 없어.

그 위험한 사례를 '좀비 바이러스'가 보여 주고 있어. 꽁꽁 얼어 있던 시베리아 영구 동토층이 기후 변화의 영향으로 녹았어. 그러자 지난 4만 년 넘게 얼음 밑에 갇혀 있던 바이러스가 되살아났어. 감염력도 그대로였어. 죽었다가 살아난 이 바이러스에 '좀비 바이러스'라는 별명이 붙었지. 이처럼 지구 곳곳에서 치명적인 미지의 바이러스가 계속 깨어난다면 어떤 재앙이 벌어질지 과학자들이 우려하고 있어.

바이러스가 야생동물에서 인간에게 옮겨 와 퍼지게 된 상황은 결국 인간이 만든 거야. 그렇다면 바이러스의 공격을 막는 열쇠도 인간이 쥐고 있겠지. 무엇보다 바이러스의 고향인 야생 생태계와 인간이 서로 경계를 침범하지 않는 게 중요해. 생물다양성이 잘 보전되고 바이러스가 야생동물들과 잘 공생하도록 숲을 파괴하지 않고 야생동물들의 서식지를 잘 보호하는 거지. 바이러스가 자기들끼리 충분히 행복하게 살도록 말이야.

알래스카의 영구 동토층이 녹으면서 심각한 해안 침식이 이루어지고 있어. 수만 년 동안 갇혀 있던 바이러스와 메탄가스가 새어 나오면 어떤 일이 벌어질지 몰라.

평상시 기후의 수준을 크게 벗어난 기상 현상을 의미하며, 보통 30년을 기준으로 삼는다. 기상 이변의 원인은 지구 온난화, 엘니뇨, 제트기류 등이다.

: 초록 알프스와 하얀 쿠웨이트

기후 변화가 나랑 무슨 상관인데? 하는 사람이 아직도 있을지도 몰라. 과학책에나 나오는 얘기거나 다른 나라 이야기라면서 말이야. 하지만 기후 변화가 일으킨 온갖 기상 이변은 지구 곳곳에서 일제히 벌어지고 있어. 가뭄, 홍수, 폭풍, 폭염, 폭설, 폭우, 산사태, 산불, 해수면 상승은 기후 위기의 '패키지 상품'과도 같아. 기상 이변은 뉴스에만 등장하는 게 아니라 내가 사는 동네와 앞마당까지 들이닥치고 있어.

'이변'은 예상하지 못한 뜻밖의 사건을 말해. 수백수십 년 동안 일정하던 기후가 예상을 벗어난 모습을 보이는 거야. 몇 만 년 전이 아니라 우리가 바로 얼마 전까지 알던 기후는 이렇지 않았지. 기상 이변은 전 지구적으로 일어나고 있어.

세계기상기구(WMO)의 보고서에 따르면 2015~2022년 동안은 1850년 이래 가장 더운 기간이었어. 2022년 스페인, 포르투갈 같은 남유럽의 온도는 40℃를 넘어갔어. 이 폭염으로 2천 명이 넘는 사람이 목숨을 잃었지. 이와 정반대로 2023년 미국 북동부주의 체감 온도는 영하 77.7℃까지 내려갔어. 지구가 아닌 다른 행성 같지? 보통 기후 변화는 기후 온난화와 동의어로 쓰여. 하지만 기후 변화는 단순히 날씨가 더워지는 게 아니야. 기후가 극과 극을 달리며 널뛰기를 하는 거야. 추운 곳은 더 춥고 더운 곳은 더 더운 극단적인 날씨를 겪게 된단 말이지.

기상 이변의 또 다른 특징으로, 기후가 뒤죽박죽이 되고 있어. 눈이 안 오던 곳에 눈이 오고, 춥던 곳이 따뜻해지는 식이지. '하얀 쿠웨이트'라고 들어 본 적 있어? 쿠웨이트는 사우디 옆에 있는 사막 기후의 나라야. 그런 쿠웨이트에 우박이 내렸어. 반면에 흰 눈으로 덮여야 할 1월의 알프스는 초록초록해졌어. 스키가 미끄러져야 할 곳에는 초록 풀들이 자랐고, 알프스 스키장은 눈이 녹아 내려서 문을 닫아야 했고, 사람들은 알프스 빙하가 녹지 않게 특수 천을 덮어 놓았어.

기후 변화의 영향으로 해수면이 높아지면서 허리케인과 태풍은 더 강력해지고 홍수 피해도 심각해지고 있어. 특히 파키스탄과 방글라데시는 반복되는 홍수로 고통 받고 있어.

온실가스가 지금 수준으로 계속 배출되면 2080~2100년쯤 우리나라 남부지방과 제주는 겨울이 사라진다는 말도 있어. 그러면 남부 지방에서는 눈 쌓인 모습을 볼 수 없게 될지도 몰라.

기상 관련 뉴스를 보면 100~200년 만의 기록이라는 내용이 많아. 매년 새로운 기록이 나오고 있어서 이제 웬만한 일로는 놀라지도 않아. 이런 기상 이변으로 자연은 인류에게 경고하고 있어. 자연을 원래대로 돌려놓지 않으면 점점 더 혹독한 일을 겪게 될 거라고. 지금 우리가 겪고 있는 건 시작일 뿐이라고.

알프스 빙하가 녹지 않도록 특수 천을 덮어 놓았어. 이런 노력들은 필요하지만 임시방편일 뿐이야. 기상 이변을 막을 근본적인 방법은 전 지구인이 삶의 방식을 조금씩 바꾸는 것이 아닐까?

인	간
활	동

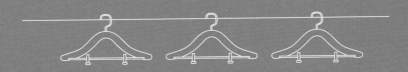

패	스	트	패	션
	플	라	스	틱
	그	린	워	싱
		플	룩	샴
		쓰	레	기
		인	류	세

| 패 | 스 | 트 | 패 | 션 |

패스트 패션(fast fashion)이란 빠르게 변하는 유행에 따라 대량 생산되는 값싼 의류를 말한다. 유행을 따라가기 위해 새로운 제품들이 끊임없이 출시된다. 스파(SPA, speciality retailer of private label apparel) 브랜드라고도 한다.

: 지구가 죽으면 패션도 없다.

햄버거 좋아하니? 프랜차이즈 햄버거는 요리라기보다는 조립에 가깝지. 빨리 만들어서 빨리 먹어치우는 햄버거와 감자칩을 패스트푸드라고 불러. 패스트푸드를 많이 먹으면 건강에도 안 좋고 비만을 일으키지. 그럼에도 그 맛에 중독되어서 헤어나오지 못하는 사람들이 많아. 음식 분야에 패스트푸드가 있다면 옷 분야에는 패스트 패션이 있어.

패스트 패션은 빠르게 변하는 유행에 맞추어 빠르게 디자인하고 빠르게 만들어 싼 가격에 공급하는 옷을 말해. 1년에도 몇 번씩 새로운 스타일의 옷이 나와. 소비하는 방식 역시 빠르지. 우리는 방바닥에 누워서 휴대폰으로 1분 안에 옷을 살 수 있어. 옷장에는 옷이 미어터지도록 가득해. 끝없이 쏟아져 나오는 신상품을 습관적으로 사들이고 또 너무나 쉽게 버리지.

광고는 마치 주문을 걸 듯 우리 눈과 귀를 사로잡아. 할인 특가 상품이에요! 몇 개 안 남았어요! 나도 모르게 "어머 이건 꼭

사야 돼!"라고 탄성을 지르게 만들지. 5만 원짜리를 20% 세일해 4만 원에 사서 1만 원을 아꼈다며 무척 좋아하는데, 아예 안 샀으면 4만 원 아낀 거라고 말해 주고 싶네.

이제 소비에 대한 진지한 고민이 필요해. 우리는 정말 싸게 산 것일까? 단돈 7천 원짜리 티셔츠라고 해도 그 밑에 숨겨진 환경 부담금이 있어. 옷의 생산과 소비에는 끝없이 비용이 들어. 옷을 만들고, 먼 거리까지 운반하고, 쓰레기로 버리면서 환경을 파괴하지.

옷을 만든다는 건 엄청난 자원을 뽑고 끌어다 쓰는 일이야. 옷의 흔한 재료인 합성섬유에 매년 수억 배럴의 원유가 쓰여. 옷에 색을 입히는 염료 같은 화학 물질도 들어가지. 또 엄청난 양의 물이 필요해. 티셔츠 한 벌 만드는 데 500㎖ 물병 기준으로 5,000병이 필요하다고 해. 그리고 옷을 만드는 과정에서 전 세계 오염수의 20%가 발생하지.

옷은 전 세계를 이동해. 예를 들면 미국에서 대량 생산된 목화가 아프리카 수단으로 가서 직물이 되고 이것이 파키스탄, 방글라데시로 가서 옷이 돼. 완성된 옷은 미국으로 갔다가 다시 옷 쓰레기가 되어 방글라데시로 돌아오지. 그리고 배와 비행기로 옷을 운송하는 이 모든 과정에서 탄소가 배출돼. 이런 식으로 의류 산업은 전 세계 탄소 배출량의 10% 정도를 차지하고

옷으로 된 쓰레기 산이야. 새로 옷을 사기 전에 이 사진을 꼭 한번 떠올려 보자. 옷도 플라스틱처럼 분해되는 데 엄청난 시간이 걸려.

의류 폐기물 때문에 오염된 가나의 해변

있어. 옷은 기후 변화를 일으키는 범인 중 하나야.

옷은 또 엄청난 쓰레기 문제를 일으켜. 패스트 패션의 특징은 몇 번 입고 쉽게 버려지는 거야. 옷 재활용 수거함을 보면 새것 같은 멀쩡한 옷이 얼마나 많이 버려져 있는지 놀라게 돼. 헌옷 수출이 가장 많은 5개국은 미국, 중국, 영국, 독일, 한국이야. 우리나라는 옷 잘 입기로 소문난 나라야. 한국인의 패션 사랑은 세계 어디에 내놔도 뒤지지 않아. 그런 만큼 옷 쓰레기도 많이 배출하는 나라지. 국내에서 버려지는 의류 폐기물은 1년에 11만 8천 톤(2021년 기준)이고 매년 늘어나고 있어.

헌 옷 쓰레기를 주로 수입하는 나라는 방글라데시, 필리핀, 가나야. 이 중에서 아주 일부만 재활용되고 나머지는 태워지거나 버려지게 돼. 그리고 다시 수입된 옷 쓰레기가 방글라데시의 강과 바다를 뒤덮고 있지. 합성섬유로 만든 옷은 플라스틱 쓰레기와 마찬가지로 분해되는 데 엄청난 시간이 걸려.

지금은 종이컵 같은 일회용품조차 자원과 환경 낭비를 막기 위해 쓰지 않으려 노력하는 시대야. 하물며 옷을 종이컵 쓰듯 쉽게 쓰고 버리는 것은 부끄러운 일이지. 인구가 수백 배 늘어난 것도 아닌데 옷 생산량은 과거의 수백 배나 돼. 지나치게 많이 생산한 이 옷들은 자원 낭비, 수질 오염, 온실가스, 쓰레기의 원인이야.

"지구가 죽으면 패션도 없다." 런던에서 열린 패션쇼 반대 시위의 구호야. 값싸고 예쁜 옷이면 다 되는 패스트 패션 시대를 끝내야 할 때가 왔어. 패스트푸드에 지친 사람들은 슬로 푸드 운동을 시작했어. 건강한 재료로 느리게 만들어 먹는 것이 슬로 푸드지. 그렇다면 지구와 나의 건강을 위해 느리게 만들어 오래오래 입는 슬로 패션을 실천하는 건 어떨까? 프랑스에서는 의류 소비를 줄이기 위해 특단의 조치를 내렸대. 옷 수선비용으로 연간 1인당 최대 25유로(약 3만 5천 원)를 지원하기로 한 거야. 프랑스는 2022년부터 전자기기, 장난감 등을 생산하는 회사에 환경 부담금을 부과하기도 했어. 우리도 이런 적극적인 실천과 행동에 나설 때가 됐어.

멋진 소식이 있어서 소개하려고 해. 경기도 파주시의 문산수억고등학교에서는 세계환경의날에 맞춰 환경 주간 행사를 열고 있어. 가장 눈길을 끄는 프로그램은 '에코 하모니 패션 쇼'야. 유행에 민감한 옷을 싼 값에 빠르게 소비하고 버리는 패스트 패션이 환경 오염을 유발하는 문제에 경각심을 갖고, 폐현수막을 활용한 옷으로 학생들이 직접 옷을 제작하여 패션쇼를 운영해. 우리 곁에 이렇게 멋진 친구들이 있다는 사실이 자랑스러워. 우리도 가만히 있을 수 없지. 환경을 살리는 이런 활동들을 많이 검색해 보고 지금 우리가 할 수 있는 일들을 찾아보자!

| 플 | 라 | 스 | 틱 |

플라스틱(plastic)은 쉽게 원하는 모양으로 가공할 수 있다는 의미의 그리스어 플라스티코스(plastikos)에서 유래했으며, 열과 압력을 가해 성형할 수 있는 합성수지이다.

: 찌구는 플라스틱 중독

우리가 죽으면 살과 뼈는 화장되거나 썩어서 남지 않게 될 거야. 하지만 우리가 썼던 플라스틱 의자와 플라스틱 물병은 오래도록 썩지 않고 어딘가에 묻혀 있거나 바다를 떠돌겠지. 플라스틱은 썩지 않는다는 특장점 때문에 현대 문명의 구석구석에 쓰이고 있어. 하지만 바로 그 특성 때문에 인류의 골칫거리가 되었어.

레고 블록이 1300년간 썩지 않는다는 연구 결과도 있어. 2800년에 어느 어부가 낚은 다랑어 배 속에서 21세기의 어린이가 갖고 놀던 레고를 발견하게 될 수도 있어. 2400년에 밭을 갈다가 20세기의 플라스틱 칫솔이 나오는 것도 놀랄 일이 아닐 거야.

플라스틱을 만드는 원료는 석유야. 원유를 가열해서 가스, 가솔린, 등유, 경유, 나프타를 만드는데, 이 중 나프타가 플라스틱의 원료야. 1950년대 이후 플라스틱은 현대 산업과 우리 일상에 빠질 수 없는 재료가 되었어. TV, 컴퓨터, 냉장고, 가구, 주방용품, 옷, 비닐봉지, 건축물, 벽과 수도관, 자동차와 항공기, 옷 등등 안 들어가는 데가 없지. 플라스틱이 없는 현대 문명은 상상할 수도 없어.

플라스틱의 장점은 가볍고, 튼튼하고, 원료가 싸고, 변형이 쉽고, 녹슬지 않는다는 거야. 플라스틱이 티타늄처럼 비싼 금속 자재라면 지금처럼 쉽게 쓰지 못하겠지. 플라스틱의 치명적 문제는 썩지 않는다는 거야. 분해되기까지 400년쯤 걸린다고 해. 플라스틱이 쓰인 지 이제 백 년이 조금 넘었기 때문에 400년 뒤라도 말끔히 분해되는지는 알 수 없어. 앞에서 이야기한 것처럼 1000년이 걸릴 수도 있어. 미생물은 공룡도 대왕고래도 흔적도 없이 사라지게 하지만 플라스틱만큼은 분해할 수 없어. 썩지 않는 플라스틱 쓰레기가 자연 생태계를 망치고 있어. 특히 바다는 병뚜껑, 비닐봉지, 스티로폼, 고기잡이 배에서 버린 어망 등 온갖 플라스틱 쓰레기로 오염되어 있어. 전 세계적으로 매년 1400만 톤의 플라스틱 쓰레기가 바다로 흘러간다고 해. 바다로 간 플라스틱은 햇볕과 바람과 파도에 잘게 부서져 미세 플라스틱이 돼. 그런 플라스틱 범벅 바다를 '플라스틱 수프'라고 부르기도 하지. 플라스틱은 바다 생물들의 생존을 크게 위협하고 있어. 비닐봉지를 해파리나 물고기로 착각해 먹고 장이 막혀 죽은 고래와 바다거북의 이야기, 들어 봤을 거야. 플라스틱을 먹이로 착각해 새끼 새에게 먹이는 바닷새를 보면 죄책감을 느끼게 돼.

플라스틱 쓰레기를 재활용하려는 여러 시도들이 있어. 우리는 일주일에 한두 번씩 플라스틱과 비닐을 열심히 분리수거함에 넣지. 재활용될 거라는 기대를 하면서. 하지만 안타깝게도 이 중 재활용 되는 비닐이나 플라스틱은 20% 수준이라고 해. 플라스틱에 이물질이 묻어 있거나 라벨이 붙어 있는 경우는 재활용이 안 돼. 그래서 요즘에는 무라벨로 된 제품들이 나오고 있지만 떼기 어려운 라벨이 붙어 있는 경우가 많고, 에코 라벨을 사용하더라도 떼지 않고 배출하는 경우가 너무 많아. 플라스틱과 고무가 결합된 혼합 재질로 된 경우에도 분리하지 않으면 재활용이 어려워. 재활용되지 못하는 플라스틱은 묻히거나 태워져. 한때 개발도상국에서는 플라스틱 쓰레기를 수입해서 녹여 썼어. 하지만 이제 플라스틱 쓰레기를 원하는 나라는 별로 없지.

옥수수 같은 곡물로 생분해성 플라스틱을 만들기도 해. 생분해성 플라스틱은 말 그대로 썩는 플라스틱이야. 하지만 일반 플라스틱에 비해 가격이 비싼 반면 튼튼하고 질긴 특성은 떨어져서 인기가 없어. 옷의 원료가 되는 재활용 폴리에스터는 페트

캐나다 로키산맥에는 재활용 트레일러가 이동하면서 재활용품을 수거해. 신문과 일반 종이를 구분해서 버릴 수 있도록 한 게 인상적이야.

병을 녹여서 알갱이로 만든 다음 실처럼 뽑은 거야. 하지만 어마어마한 옷의 생산량과 소비량을 생각하면 한계가 있지.

플라스틱 재활용 방안을 고민하는 건 의미 있는 일이야. 쓰레기를 새로운 가치로 재탄생 시키면 쓰레기도 안 생기고 새로운 플라스틱을 만들지 않아도 되니 이중으로 좋지. 하지만 아무리 재활용에 노력을 기울인다 해도 차선책이야. 최선의 방법은 처음부터 덜 만들고 덜 쓰는 거야. 그리고 다시 쓰는 거지. 전세계의 많은 국가들은 비닐봉지 사용을 규제하고 있어. 우리나라도 편의점과 제과점에서 무료 비닐봉지 사용이 금지되었지. 플라스틱 없는 생활을 실천하는 건 쉽지 않지만 더 미룰 수 없는 일이야.

그린워싱(Greenwashing, green+white washing의 혼성어) 또는 녹색분칠은 기업이 실제로는 환경에 악영향을 끼치는 제품을 생산하면서도 광고 등을 통해 친환경적인 이미지를 내세우는 행위를 말한다.

: 깨끗한 척, 착한 척, 위하는 척

셸(Shell)이라는 기업의 광고 중에 굴뚝에서 꽃들이 날리는 광고가 있어. 국제 환경단체 '지구의 벗'은 이 광고가 셸이 환경에 미치는 나쁜 영향을 오해하게 만든다며 소송을 걸었어. 셸은 세계에서 4번째로 큰 정유회사야. 원유를 생산·가공하는 과정에서 엄청난 환경 오염을 일으키지. 굴뚝의 꽃 광고로 이 회사는 소비자들에게 마치 환경에 좋은 활동을 하는 듯한 착각을 일으키고, 환경에 해를 끼치는 이미지를 세탁하고 싶었던 거야.

그린워싱(Greenwashing)은 친환경과 상관이 없거나 도리어 환경에 안 좋은 악영향을 끼치는 회사나 상품을 친환경으로 속이는 것을 말해. 자연, 친환경의 색인 녹색(Green)처럼 보이게 세탁(washing)했다는 의미야.

캐나다의 친환경 컨설팅사인 테라초이스는 2010년 '그린워싱의 7가지 죄악'을 이렇게 제시했어. 이는 그린워싱을 판단하는 기준이기도 해.

"버리지 마세요. 버려질 곳은 없습니다." 환경을 생각하는 문구처럼 보이지. 쉘은 페이산화탄소를 사용하여 꽃을 재배하고 폐유황을 사용하여 초강력 콘크리트를 만들었다고 주장했지만 이들이 실제로 여기에 쓴 비용은 매우 미미하다는 것이 환경 단체의 조사 결과야.

1. 상충효과 감추기(Hidden Trade-Off)

친환경적인 특정 속성만 강조하고 다른 속성의 영향은 감추려고 해.

2. 증거 불충분(No Proof)

라벨 또는 제품 웹사이트에 쉽게 접근할 수 있는 증거를 제시하지 않고 환경적이라고 주장해.

3. 애매모호한 주장(Vagueness)

너무 광범위하거나 제대로 이해할 수 없는 용어를 사용해.

4. 관련성 없는 주장(Irrelevance)

내용물은 친환경과 무관한데 용기가 재활용된다는 이유로 친환경 제품이라고 표기하는 경우야.

5. 두 가지 악 중 덜한 것(Lesser of Two Evils)

실제로는 환경적이지 않지만 다른 제품보다 환경적일 때 친환경이라고 주장해.

6. 거짓말(Fibbing)

사실이 아닌 거짓된 정보를 광고에 활용해.

7. 허위 라벨 부착(Worshiping False Labels)

허위 인증 라벨을 붙여 인증 받은 상품인 것처럼 위장해.

그린워싱의 기준이 대단히 명확해. 앞으로 소비를 할 때 이 부분을 유념하는 것이 현명하고 지구를 살리는 소비자가 되는 길일 거야.

환경 문제가 관심을 받으면서 소비의 기준도 바뀌었어. 같은 물건을 놓고 이왕이면 환경에 좋은 물건을 찾기 시작한 거야. 어떤 사람들은 심지어 더 비싸더라도 환경에 좋은 물건을 사려고 해. 지구에도 좋고 내 건강에도 좋으니까. 많은 회사들은 환경에 좋은 상품을 내놓으며 소비자들의 선택을 받기 위해 애쓰고 있어.

문제는 환경을 지키려는 노력은 하지 않으면서 말로만 환경과 친한 척을 하는 회사도 있다는 거야. 겉으로만 착한 척하는 것을 위선, 가식이라고 해. 이러한 그린워싱은 위선을 넘어 사기라고 할 수 있어. 많은 소비자들은 환경을 소비 선택의 기준으로 삼고 있어. 과장되거나 거짓된 정보로 소비자의 판단을 흐리게 해서 상품을 팔았다면 사기인 거지.

"환경을 위해 재생 섬유를 썼습니다." 어느 옷 회사의 광고야. 이 문구만 보면 100% 재생섬유를 쓴 것 같지. 실제로는 20%도 되지 않고 나머지는 환경 오염을 일으키는 합성 섬유인 폴리에스테르야.

코카콜라는 유엔기후변화협약 총회의 후원사를 맡았어. 하지만 전 세계에서 플라스틱을 가장 많이 배출하는 기업이 기후 문제를 다루는 국제회의의 후원을 맡는 것 자체가 그린워싱이라는 비판을 받았어.

스타벅스는 일회용품 사용을 줄이자는 차원에서 다회용컵 무료제공 행사를 많이 해. 친환경적인 이미지를 홍보하기 위한 것이지. 환경단체는 플라스틱을 줄인다면서 또 다른 플라스틱 쓰레기를 찍어 내는 모순이라고 비난했어.

거짓말이 명백한 그린워싱도 있어. 독일 자동차 회사 폭스바겐은 자신들의 디젤 자동차가 배기가스를 줄여 주는 친환경 차라고 광고해 놓고는, 실제로는 배기가스 테스트를 조작하는 장치를 통해 배기가스를 낮게 배출하는 것처럼 눈속임했어. 결국 엄청난 항의와 함께 소비자들에게 보상금을 지불해야 했지.

우리 주변의 그린워싱은 교묘하게 이루어져서 알아차리기

어려울 때가 많아. 가장 흔한 방법 중 하나가 친환경 라벨 붙이기야. 진짜와 유사한 환경인증 마크로 눈속임을 하거나 스스로 만든 친환경 인증서를 붙이는 거야. '친절한 어린이상'을 만들어 자기 자신에게 수여하는 셈이지.

환경에 좋은 제품으로 광고하고 싶을 때 붙이는 말들이 있어. 생태적인(eco), 자연적인(natural), 생태친화적인(eco-friendly), 지구친화적인(earth-friendly), 순수한(pure), 독성이 없는(non-toxic), 녹색의(green) 등등. 하지만 어떤 근거와 기준에서 그런 단어를 썼는지는 정확히 밝히지 않지. 지구를 위협하는 악당이 자기 이름 앞에 친절한(kind), 우호적인(friendly), 관대한(generous) 같은 형용사를 잔뜩 버무려 놓는다고 그 사람이 착해지는 건 아니잖아?

똑 부러진 소비자라면 이렇게 묻고 따져야 돼. '친환경 제품이라고요? 정확히 어떤 면에서 그런가요?' 초록 잎사귀 로고쯤이야 누구나 쉽게 붙일 수 있지. 환경 보호를 하는 척 이미지를 만들고 홍보하는 회사가 아니라, 환경 보호에 진심인 회사를 알아보고 지지해 주는 소비자가 되어야겠어.

플	룩	샴

스웨덴에서 만들어진 신조어로 기후 변화의 주범인 '비행기 타는 것을 부끄러워한다'는 뜻이다. 2017년 스웨덴의 가수 스테판 린드버그가 지구를 위해 항공을 통한 여행은 이제 그만하겠다고 발표한 뒤 다른 유명 인사들이 동참하며 확산되기 시작했다.

: 지구, 혼자 쓰세요?

해외여행이 활발하지 않던 1990년대까지만 해도 사람들은 비행기 한번 타 보는 게 소원이었어. "부모님 비행기 태워 드린다"는 말은 효도한다는 말과 동의어이기도 했지. 그때는 비행기를 타면 출세한 느낌도 나고 그랬어. 하지만 요즘에 비행기를 타는 건 특별할 것 없는 일이 되었지. 매일 전 세계에서 뜨고 내리는 비행기가 약 10만 대라고 해.

스웨덴에서 나온 신조어인 플룩샴(Flugscham, 영어로는 flight-shame)은 '비행기 타는 것을 부끄러워한다'는 뜻이야. 비행기를 자주 타는 게 환경에 안 좋은 영향을 주기 때문이지. 비행기는 온실가스 배출량의 2.5%를 차지하고 있어. 비행기는 빠르고 효율적인 운송 수단이야. 비행기 타는 것을 아주 포기하자는 게 아니라 환경을 생각해서 적당히 타고 다니자는 거지. 이것은 물론 평생에 몇 번 비행기 타는 사람에 관한 이야기는 아니야. 비행기를 동네 마트 가듯 자주 타고 다니는 사람들에게 해당하는 말이지.

유럽에서는 생태적 질서에 맞추어 새로운 삶의 방식을 추구하겠다는 의식이 점점 많아지고 있어. 독일은 반(反)소비운동을 넘어 소비포기운동으로 넘어가고 있는 추세라고 하고. 현재 유럽에서 유행이라고 불릴 만큼 최대 관심사로 떠오른 이 '플룩샴 운동'은 말로만 그치는 유행이 아닌 것으로 드러났어. 지난여름 스웨덴의 운송 수단 활용 현황을 살펴보면 철도 여행은 30% 넘게 증가한 반면 항공 여객 수는 상당히 줄어들어 항공사에서 비상대책회의까지 할 정도였다고 해.

열심히 할인 특가 티켓을 찾는 사람들은 절대 알 수 없는 초특급 부자들만의 세계가 있어. 바로 개인 전용기야. 돈이 많아서 개인 전용기 탄다는데 말릴 수는 없지. 문제는 지나치게 자주 탄다는 거야. 게다가 그런 전용기는 혼자 타거나 서너 명만 타고 다니니 수백 명이 타는 일반 항공기에 비해 엄청난 양의 탄소를 배출하는 셈이지.

억만장자 모델인 카일리 제너는 고작 64km를 전용기로 여행했어. 그 거리면 비행기가 뜨자마자 5분 만에 착륙해야 해. 그 과정에서 연료 소비와 탄소 배출이 엄청나지. 사람들은 '기후 범죄자' '환경파괴범'이라는 비난을 쏟아 냈어. 내 비행기 내가 타고 다니는데 무슨 문제냐고 생각한다면 이렇게 말해 주고 싶어. 지구 혼자 쓰세요?

앞 장에서 기업의 그린워싱에 대해 생각해 보았는데 개인 차원에서의 그린워싱도 있어. 요즘 시대에는 환경이나 인권에 관심을 보이면 어딘지 착하고 개념 있어 보이지. 연예인에게는 교양 있고 세련된 이미지를 돋보이게 하는 데 도움이 될 거야. 물론 유명인들이 진심으로 환경을 위한 말과 행동을 한다면 그건 좋은 일이야. 그에게 호감을 지닌 대중들에게 좋은 영향을 끼칠 수 있지. 하지만 말과 행동이 일치해야겠지.

팝스타 테일러 스위프트는 기후 위기에 대해 걱정하는 공개 발언을 했어. 그런데 진심은 말이 아니라 행동에서 드러나기 마련이야. 2022년 스위프트는 개인 전용기를 소유한 전 세계 유명인사 중 탄소 배출 1위였어. 1년도 안 되는 기간 동안 전용기를 170번이나 탔고 8천 톤이 넘는 이산화탄소를 배출한 것으로 드러났지. 한편, 테일러 스위프트는 가는 곳마다 수많은 관객을 몰고 다녀 현지 물가가 들썩일 정도라는 평가를 받기도 해. 2024년 6월 〈텔레그래프〉는 영국에서 테일러 스위프트 공연을 한 차례 볼 때마다 팬이 쓰는 돈이 850파운드(153만 원)에 이른다고 전했어. 방송 진행자인 오프라 윈프리도 평소 기후 위기에 대해 개념 있는 말을 쏟아 내는 한편, 전용기도 열심히 타고 다

녀서 3천 톤이 넘는 탄소를 배출했어. 그러고도 플룩샴을 느끼지 못하는 걸까?

할리우드 스타들의 껀용기 ∩용 순위(2022년)		
순위	이름	탄쇼 배쯀량(톤)
1	테일러 스위프트	8,293
2	플로이드 메이웨더	7,076
3	제이 지	6,981
4	알렉스 로드리게즈	5,342
5	블레이크 셸튼	4,495
6	스티븐 스필버그	4,465
7	킴 카다시안	4,268
8	마크 월버그	3,772
9	오프라 윈프리	3,493
10	트래비스 스콧	3,033

미국 국제공항의 전용기 터미널 출입문에 쇠사슬을 걸었다가 체포된 사람이 있어. 미국우주항공국(NASA)의 과학자이자

환경 활동가인 피터 칼무스야. 그는 왜 이런 행동을 한 걸까? 전용기 사용을 금지하라고 외치고 싶었기 때문이야. 이 환경 운동가의 절박한 행동은 이해할 만해. 아무리 이야기해도 듣지 않으니 뭔가 주목시킬 만한 행동을 보여 사람들을 일깨우고 싶었던 거지. 전용기 사용을 줄이기 위한 대책이 필요한 때야. 전용기를 탈 때마다 어마어마한 액수의 환경 부담금을 매기는 것은 어떨까? 그런 다음 전용기로 배출한 탄소를 없애는 데 이 세금을 쓰는 거지. 개인 전용기를 밥 먹듯이 자주 타서 환경을 파괴하면서도 부끄러움을 느끼지 못한다면, 돈이 아까운 느낌이라도 들게 해야 하지 않을까.

ᄊ 레 기

불필요하거나 쓸모가 없어서 버려야 될 것을 통틀어서 부르는 말이다. 사람들은 해마다 수십억 톤의 차·타이어·냉장고·요리 기구·깡통 같은 포장 물질·금속·종이·플라스틱 조각 등의 쓰레기를 버린다.

: ᄍ구인은 ᄊ레기 대마왕

스리랑카에는 쓰레기를 먹다가 죽는 코끼리들이 생겨나고 있다고 해. 대체 무슨 일일까? 코끼리들이 살고 있던 야생동물

보호구역 근처에 쓰레기 매립지가 생겼어. 서식지가 사라져 배가 고파진 코끼리들이 쓰레기장에 가서 쓰레기를 먹기 시작한 거야. 먹이인 줄 알고 먹은 비닐과 플라스틱이 배 속에서 엉켜서 장이 막혀 죽는 코끼리들이 생겨나고 있어. 이대로 가다가는 '스리랑카 코끼리'라는 고유의 종이 멸종될지도 몰라.

인간이 만든 쓰레기는 야생동물을 위협할 만큼이나 심각하게 많이 쌓이고 있어. 산처럼 쌓인 쓰레기들, 섬을 이루는 쓰레기들. 이런 말은 비유가 아니야. 쓰레기는 진짜 산과 섬을 이루지. 인류가 만들어 낸 쓰레기는 양도 많고 또 썩지 않는 물질인 경우가 많아서 큰 문제야.

지구 안에는 거대한 정화 시스템이 돌아가고 있어. 생명체들이 죽고 나면 빠른 시일 내에 썩어서 사라져야 해. 동물이 죽으면 다른 육식 동물이 와서 먹고, 파리와 개미가 갉아 먹은 다음, 마지막으로 미생물이 분해하는 역할을 하지. 인간도 죽고 나면 썩어서 세포와 분자 단위까지 분해되고 미생물에게 먹히게 돼. 모든 생명체는 이렇게 사라져서 다음 세대에게 그 공간을 내어 줘. 이러한 순환을 통해 지구는 지속가능하게 되어 있어. 그런데 이 순환 체계가 망가져 버렸어. 바로 썩지 않는 쓰레기 때문이지.

요즘 과자를 보면 러시아 인형 마트료시카처럼 포장을 까고 까고 또 까야 해. 장난감을 보면 도토리만 한 알맹이를 담으려고 멜론만 한 포장 상자를 쓰고 있어. 배달 음식은 포장지, 용기, 숟가락까지 온갖 플라스틱의 집합체야. 배달 음식을 먹었다 하면 수북이 쌓이는 쓰레기에 당황하게 되지. 코로나19 이후 배달 음식을 더 자주 먹으면서 이런 쓰레기가 더 늘어났어. 그러면 이 많은 쓰레기는 다 어디로 가는 걸까? 앞에서 탄소발자국에 대해 이야기했었잖아. 쓰레기 발자국을 만들면 어떨까? 나는 오늘 몇 킬로그램의 쓰레기를 생산했나? 스스로에게 물어보고 반성할 필요가 있어.

서울과 수도권의 쓰레기는 인천과 김포에 있는 쓰레기 매립지로 보내져. 지금 매립지는 넘쳐나는 쓰레기를 감당할 수 없는 포화상태야. 매립지 외에 아무 데나 버려지는 쓰레기들도 많지. 우리나라처럼 작은 나라에서는 문제가 더욱 심각해. 후손들이 대대로 살아야 할 땅에 쓰레기가 수백 년 동안 남게 되는 거야.

우리는 지구를 무한한 공간으로 생각해. 쓰레기를 내다 버려도 어디론가 사라지고 오염물질도 언젠가 안개처럼 사라진다고 막연히 생각할 때가 많아. 사람들이 바다에 쓰레기를 퍼붓는 것도 바다가 끝없이 넓다고 생각해서일지 몰라. 하지만 쓰레기는 절대로 사라지지 않고 바다 어딘가에 그대로 다 남아 있어. 유엔환경계획(UNEP)에 따르면 매년 60만 톤의 쓰레기가

지난 8년간 약 20마리의 야생 코끼리가 스리랑카의 쓰레기장에서 플라스틱을 주워 먹고 숨이 멎었어. 한 야생동물 수의사는 "조사 결과 코끼리들은 쓰레기 더미에서 발견된 플라스틱을 다량 삼킨 것으로 나타났다. 코끼리 체내에는 플라스틱, 음식 포장지, 기타 소화되지 않은 물질과 물밖에 없었다"고 보고했어.

바다에 버려져. 바다에 버려진 플라스틱은 잘게 쪼개질 뿐 사라지지 않아.

북태평양에는 '바다 쓰레기 섬'이 있어. 바다에 버린 쓰레기가 빙빙 도는 해류를 따라 모여서 거대한 섬을 이룬 거야. 우리나라 남한 크기의 16배나 될 정도로 크지. 주로 일본, 중국, 남북한, 미국이 버린 쓰레기라고 해. 80% 이상은 어업 활동으로 생긴 그물, 로프, 부표 같은 쓰레기야. 이 외에도 잘게 쪼개져 보이지 않는 마이크로 플라스틱이 있어. 바다 아래 가라앉은 플라스틱 쓰레기도 있고. 바다 아래 수십 킬로미터를 탐사해 보면 거기에도 비닐봉지가 굴러다닌다고 해.

인류의 쓰레기는 무려 우주까지 진출했어. 우주에도 1억 개 넘는 우주 쓰레기가 있어. 1950년대 이후 우주로 날려 보낸 인공위성과 로켓의 파편 조각들이 떠돌아다니고 있지. 지구에 불시착한 외계인이 지구인을 관찰한다면 쓰레기를 생산하는 생명체로 오해할지 몰라. "식물은 광합성을 통해 당과 산소를 만들고, 지구인은 쓰레기를 만든다"라고 말이야.

여기서 끝이 아니야. 가장 무시무시한 쓰레기 이야기가 아직 남아 있거든. 원자력 발전소에서 나오는 핵폐기물이야. 방사능 쓰레기는 암과 백혈병을 일으키는 무시무시한 물질이야. 방사능 물질이 줄어들어 완전히 사라지는 데까지 걸리는 시간은 무려 10만 년. 지금도 차곡차곡 쌓이고 있지만 영구적으로 안전하게 처리할 방법은 아직 찾지 못했지.

일본은 후쿠시마 방사능 오염수를 바다에 방류하고 있어. 주변 나라들이 모두 걱정에 사로잡혀 있지. 우리나라의 환경 운동 단체들은 이 무책임한 행동을 이렇게 비난했어. "바다는 방사능 쓰레기통이 아니다!" 우리를 둘러싼 모든 자연 환경에 대해 똑같은 말을 하고 싶어. "우리의 숲과 계곡은 쓰레기통이 아니다." "언덕과 들판은 쓰레기통이 아니다."

인류세

인류가 지구 지질이나 생태계에 미친 영향에 주목하여 제안된 지질 시대의 구분 중 하나다. 기후 변화, 대량 멸종에 의한 생물다양성의 상실, 인공 물질의 확대, 화석 연료의 연소나 핵실험에 의한 퇴적물의 변화 등이 주요 특징이며 모두 인류 활동이 원인으로 꼽힌다.

: 치킨과 플라스틱 바가지 화석

"그런데 말입니다. 치킨 화석 지층이 끝도 없이 발굴되었습니다. 대체 치킨을 얼마나 많이 먹은 걸까요? 한반도 고대 문헌에 따르면 일주일에 세 번씩 배달시켜 먹는 집도 있었다고 합니다. 닭 뼈와 플라스틱. 바로 20~30세기 인류세의 흔적입니다."

가상으로 꾸며 본 4182년 시사 프로그램 〈그것이 알고 싶냐?〉의 한 장면이야. 우리는 지층과 화석으로 지질 시대를 구분해. 우리에게 친숙한 쥐라기는 공룡 화석을 통해 확인할 수 있어. 인류가 살았던 자취는 어떤 형태일까? 학자들은 플라스틱, 핵 폐기물, 닭 뼈 화석 등이라고 말하지.

지질 시대 기준으로 현재 우리는 신생대 제4기 홀로세에 있어. 인간과 생물이 살기 좋은 환경조건인 홀로세는 지금까지 1만 2천 년 동안 이어지고 있어.

그런데 최근 과학자들 사이에서 홀로세와 구분되는 지질 시대 용어가 필요하다는 주장이 나왔어. 인간의 활동으로 환경과 지질이 크게 바뀌었기 때문이야. 그렇게 새로 생긴 지질 시대에 '인류세'(人類世, Anthropocene)라는 이름이 붙었어.

인류세의 시작은 1950년대야. 세계 인구가 크게 늘고 산업화가 본격적으로 시작되면서 이산화탄소 농도가 몇백만 년 만에 가장 높은 수치까지 올랐어. 그리고 지구 평균 기온이 1℃ 이상 올라가면서 기후가 완전히 바뀌기 시작했어. 홍수, 폭염, 가뭄, 폭풍 같은 기상 이변이 늘어났어. 또 열대우림과 숲이 사라지고 서식지가 줄어들면서 생물 대량 멸종도 일어났지. 이 모든 현상은 지질 시대의 변화로 설명할 수 있어.

인류세의 특징이 닭 뼈와 플라스틱이라고 했잖아. 지구 구석구석이 썩지 않는 플라스틱으로 가득하지. 닭 뼈는 왜 썩지 않고 인류세의 흔적으로 남을까? 세계 인구가 80억 명이란 사실, 이슬람교는 돼지를 안 먹고 힌두교도는 소를 안 먹지만 닭은 채식주의자만 빼고 누구나 먹는다는 사실을 떠올려 봐. 전세계에서 매일 먹는 닭이 1.9억 마리라고 해. 오늘도 야식으로 치킨을 먹는다면 우리는 인류의 자취를 남기고 있다고 할 수 있지. 나름 찬란한 인류의 문명이 닭 뼈와 플라스틱 쓰레기로 기억될지 모른다니 허탈해져.

인류세를 특징짓는 지금의 변화는 산업화가 시작되고 겨우 150년 만에 일어난 거야. 우주나 지구의 역사로 보면 몇 초에 불과한 찰나의 시간 동안 벌어진 일이지. 몇억 년 단위로 움직이는 지질 시대를 그렇게 금세 바꾸다니! 인간의 활동은 그만큼 강력하고 위험한 것이지.

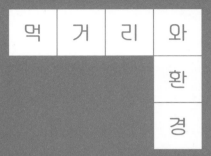

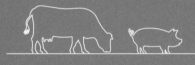

푸 드 마 일 리 찌

'식량(food) 수송 거리(mileage)'라는 의미로 농산물 등 식료품이 생산자의 손을 떠나 소비자의 식탁에 오르기까지의 이동 거리를 말한다.

: 산 넘고 바다 건너 우리 식탁으로

우리가 살 수 있는 상품은 국경을 쉽게 넘나들어. 이렇게 세계화된 경제 상황을 확인하기 위해 경제 보고서까지 들여다볼 필요는 없어. 우리 주변에 그 흔적이 넘쳐나기 때문이지. 그중에서도 세계화를 느끼기 가장 쉬운 장소를 고르라면 마트야. 그곳에서는 과테말라 바나나, 세네갈 갈치, 뉴질랜드 키위, 스페인 삼겹살, 영국 골뱅이, 중국 마늘, 미국 병아리콩, 페루산 오징어를 만날 수 있어. 세계화와 국제 무역이 활발해진 1990년대 이후 일어난 현상이야. 하지만 요즘 환경을 생각하면 멀리서 날아온 음식들이 반갑지만은 않다는 생각을 하게 돼.

푸드 마일리지는 한 식품이 생산지에서 우리의 식탁에 이르기까지의 거리를 말해. 우리가 먹는 음식이 탄소 배출 같은 환경 오염을 얼마나 일으키는지 알려 주는 숫자야. 계산법은 아주 간단해.

운송 거리(km) × 무게(t) = 푸드 마일리지

실제로 계산을 해 보자. 서울에 사는 내가 칠레산 포도와 천안 포도를 각각 10kg씩 샀다면 푸드 마일리지는 아래와 같아.

	칠레산 포도	충북 천안 포도
계산식	18,385km(이동 거리) × 0.01t(무게)	100km(이동 거리) × 0.01t(무게)
푸드 마일리지	183.8	1

푸드 마일리지가 높을수록 이동 거리가 길고 그 과정에서 탄소 배출과 환경 오염이 커진다는 의미야. 천안 포도는 트럭으로 서울까지 3시간 만에 실어 올 수 있지만, 칠레 포도는 비행기나 컨테이너 선박으로 며칠 또는 몇 주에 걸쳐 태평양을 건너와야 해.

국가 간의 무역이 활발해지면서 먹거리가 바다, 땅, 하늘 길을 따라 이동하는 것은 특별한 일이 아니야. 영국에서는 먹지 않는 골뱅이가 우리나라로 수입되고, 유독 삼겹살을 좋아하는 한국인 때문에 세계 각지의 삼겹살이 한국으로 모여들지. 수입 농산물이 국내산보다 더 싸기 때문에 일부러 찾는 사람도 많아.

그럼에도 먼 거리를 이동한 식품은 환경의 관점에서 보면 이롭지 못해. 운송 과정에서 이산화탄소를 많이 배출하기 때문이야. 지나친 육식이 기후 위기를 가속화한다는 생각은 널리 퍼져 있어. 하지만 머나먼 대륙에서 온 과일과 채소가 육식만큼이나 기후에 나쁜 영향을 끼친다는 사실은 아직 많은 공감을 얻지 못하고 있지.

배에 실려 머나먼 길을 떠나는 바나나들. 세계 각지로 전달되면서 엄청난 탄소 배출과 푸드 마일리지가 생겨.

이 문제에 대한 해답은 간단해. 되도록 가까운 곳에서 생산된 먹거리를 먹는 거야. 이 문제를 글로벌 푸드와 로컬 푸드로 구분해서 생각해 보자. 글로벌 푸드는 말 그대로 외국에서 수입된 것이고 로컬 푸드는 거주지의 50km 이내에서 생산한 농산물을 말해. 로컬 푸드가 더 신선하고 건강에 좋은 것은 말할 것도 없지. 수입 농산물은 먼 거리를 운송하는 과정에서 썩지 않게 하려고 농약을 많이 치기도 해.

"내가 먹을 채소는 내가 재배한다." 요즘은 채소를 직접 길러 먹는 사람도 많아졌어. 옥상이나 집 근처 텃밭 또는 주말 농장에서 방울토마토와 상추를 직접 기르면 싱싱한 채소를 공짜로 먹을 수 있지. 앞으로는 도시 안에서 정보기술과 자동화로 농산물을 생산하는 스마트팜 같은 것이 좋은 대안이 될 수 있어. 작은 도시의 경우 농작물 자급자족을 이룰 수 있지.

음	식	물	ㅆ	레	기

사람이나 동물이 먹고 남긴 음식물 또는 부패 등으로 인해 먹을 수 없게 되어 버려야 할 상한 음식, 또는 구토한 음식물 등이 음식물 쓰레기에 해당한다.

: 쓰레기를 만드는 식품 산업?

천국을 상상해 본 적 있어? 천국의 모습은 금과 보석으로 된 길, 지구보다 몇백 배나 웅장한 자연, 그리고 잘 차려진 음식상으로 묘사되기도 해. 천국을 그렇게 그리는 건 어쩌면 인류가 너무 오랫동안 굶주렸기 때문일 거야. 기록된 인류 역사를 통틀어 대부분의 인류가 굶주림에서 해방된 것은 지난 50년 정도야. 하지만 모든 인류가 굶주림에서 벗어난 것은 아니야. 아프리카 일부 지역의 사람들은 여전히 굶주림에 시달리고 있어. 국제구호단체 옥스팜에 따르면 케냐, 에티오피아, 소말리아 등 동아프리카에서 2천만 명 이상이 기근을 겪고 있어. 동아프리카 지역에서만 48초마다 한 명이 굶주림으로 목숨을 잃고 있어. 정말 안타까운 일이야.

상황이 이런데도 부유한 국가들은 어마어마한 음식물 쓰레기 문제를 겪고 있어. 오늘날 전 세계에서 소비하는 음식물의 3분의 1이 낭비되고 있다고 해. 음식물 쓰레기 하면 보통 식탁에서 버려지는 것을 생각해. 하지만 넓게 보면 식료품이 생산되고 음식이 식탁에 오르는 모든 과정에서 음식물 쓰레기가 끝없이 생겨나. 생산지에서는 가격이 떨어져서 일부러 수확하지 않은 작물과 버려진 물고기가 넘쳐나. 그리고 농산물이 조금만 상해도 쓰레기통, 잎사귀가 구부러져도 쓰레기통, 모양이 조금만 울퉁불퉁해도 쓰레기통, 유통기한이 살짝 지나도 쓰레기통으로 들어가.

우리나라 음식물 쓰레기의 상당 부분은 가정에서 발생해. 우리는 당장 필요하지도 않은 1+1 묶음 상품, 대용량 할인 상품을 사다가 큰 냉장고에 채워 넣는 데 익숙해. 우리의 푸짐한 상차림 문화는 음식물 쓰레기를 만들기 쉬운 조건이야. 다음 장면을 상상해 봐.

차를 몰고 마트에 가서 고기와 야채를 잔뜩 사 온다. 장 본 것을 집으로 옮겨 와서 힘들게 조리한 다음 상에 차려 낸다. 반쯤 먹다가 남은 음식은 버린다. 열흘쯤 지나 상한 음식 재료도 버린다.

어처구니없는 일이지만 우리는 정말 아무렇지 않게 이렇게 하고 있어. 낭비도 이런 낭비가 없지.

음식물 쓰레기는 그저 식료품을 버리게 되어 아까운 문제가 아니야. 사회 정의와 윤리, 불평등의 문제를 만들어 내기도 해. 지구상에 굶주리는 사람이 있는 건 식량이 모자라서가 아니야. 사실 인류는 엄청난 생산력으로 인류 전체가 먹고도 남을 식량을 생산하고 있어.

동화책 『하늘에서 음식이 내린다면』에는 '꼭꼭씹어꿀꺽 마을'이 나와. 이곳은 햄버거가 폭풍처럼, 소시지가 바람처럼, 주스와 우유가 비처럼 내리는 곳이야. 인류가 마음만 먹는다면, 아프리카의 기근 지역에 음식을 폭포수처럼 내려 줄 수도 있어. 전 세계 식량의 3분의 1이 쓰레기통으로 직행한다는 사실을 떠올려 보면 이 말이 과장이 아닌 걸 알 수 있지. 음식물 쓰레기가 될 식량의 일부만으로도 10억 명 이상의 절대 빈곤 인구를 먹여 살릴 수가 있다고 해. 그럼에도 굶주림과 기아가 존재한다는 건 뭔가 세상이 잘못 돌아가고 있는 거지. 넘치도록 생산을 하지만 전 지구적 차원의 분배에 실패한 거야.

문제는 또 있어. 음식물 쓰레기는 기후 문제를 일으키는 직접적인 원인이기도 해. 온실가스의 3분의 1은 식품 생산으로 발생해. 그런데 식품의 상당량이 버려진다면, 그저 버려질 음식을 만들기 위해 온실가스를 방출하고 기후 위기를 악화시키는 셈이야. 음식물 쓰레기는 곧 그 음식을 만드는 데 들어간 물(지구에서 소비되는 물의 4분의 1)을 낭비하는 것이기도 해. 음식을 버리는 행위 자체가 환경 오염에 기여하는 셈이 되는 거지.

여기까지 이야기하고 보니 할머니의 말씀이 생각나네. 할머니들은 "먹을 거 버리면 벌 받는다"라고 입버릇처럼 말하곤 했지. 쌀 한 톨 버려지는 것도 아까워했고 물 한 바가지도 허투루 쓰지 않았어. 일제 강점기와 전쟁을 겪은 할머니들은 굶주림이 일상이었어. 음식물 쓰레기는 그 자체로 죄악이었지. 우리 할머니들이 과거의 고난을 통해 음식이 귀한 줄 알았다면, 우리도 미래의 환경을 위해 그렇게 생각하고 실천해야 해. 음식을 낭비하지 않고 음식 쓰레기를 줄이는 것만으로도 환경을 위해 유익한 일을 하고 있다고 자부심을 느껴도 좋아.

육식(肉食)은 고기를 먹는 행위의 통칭이다. 육식을 행하는 동물을 육식동물이라고 칭한다. 반대로 야채 등 식물만 먹는 행위를 채식(菜食) 혹은 초식(草食), 두 가지 가리지 않고 다 먹는 것을 잡식(雜食)이라고 한다.

: 고기는 덜 먹고 지구는 푸르게

우리나라가 가난했을 때, 사람들의 소원은 고깃국에 쌀밥을 말아 실컷 먹는 거였어. 경제가 발전하고 생활 수준이 높아지면서 육식 소비가 늘어났어. 이것은 거의 모든 나라에서 벌어지는 일이지. 1970년 인류는 1억 톤의 고기를 소비했는데, 2018년 3억 4천만 톤으로 늘어났어.

그런데 그거 알아? 고기를 많이 먹을수록 기후 위기가 더 심화된다는 사실! 온실가스 배출의 주요 원인 중 하나로 꼽히는 게 목축업이야. 유엔이 발표한 식품 생산 1kg당 탄소 배출량은 아래와 같아.

탄소 배출량(kg)

소고기	양고기	갑각류	치즈	생선
70.6	39.6	26.9	23.9	13.6
가금류 (닭, 오리)	달걀	쌀 등 곡물	우유, 두부	과일, 채소, 견과류
9.9	4.7	3.6	3.2	1 이하

소를 키우려면 넓은 땅이 필요해. 축사나 방목지를 마련해야 하고 또 먹이로 줄 작물도 키워야 하기 때문이야. 이때 흔히 택하는 방법이 숲을 태우는 거야. 숲을 태우면서 이산화탄소를 내뿜고, 또 탄소 흡수원인 숲이 줄어드니까 기후 위기를 이중으로 악화시키는 셈이야.

소가 자라는 데는 곡물이 진짜 많이 필요해. 소고기 1kg을 만들려면 곡물 사료 10kg, 돼지고기 5kg, 닭고기 2kg이 필요하다고 해. 그러니까 소고기 1kg을 먹기 위해 수십 명의 사람이 먹을 수 있는 곡물을 소비하는 셈이야.

유럽의 경우 옥수수, 밀, 콩 등 수확한 곡물의 절반 이상이 가축 사료로 사용되고 있어. 대두는 두부나 된장을 만드는 노르스름한 콩인데, 대두 역시 사람의 식량보다는 곡물 사료용으로 더 많이 쓰여.

이런 사정 때문에 소와 돼지 같은 가축이 인간과 식량을 놓고 경쟁한다고 말하기도 해. 유엔 보고서에 따르면 2021년 기준으로 굶주림에 시달리는 인구는 8.2억 명이야. 고기를 많이 먹을수록, 인간의 입으로 들어갈 수도 있었던 곡물이 가축의 입으로 들어간다고 말할 수 있지.

대두 수출 세계 1위는 브라질이야. 브라질은 미국에 이어 세계 2번째 소고기 수출국이야. 그리고 아마존 보유국이기도 하지. 아마존 밀림의 60%가 브라질에 있거든. 이 사실들을 조합해 알 수 있는 사실은? 소고기를 생산하느라 아마존 밀림이 아주 빠르게 사라지고 있다는 것.

보르네오 섬의 숲도 불태워지고 파괴되고 있어. 역시 가축을 기를 목초지를 얻거나 팜유를 얻을 야자나무를 심기 위해서지. 전 세계적으로 소고기 소비가 늘수록 지구의 숲은 점점 쪼그라들고 있어.

소를 키우는 일은 숲의 파괴만으로 끝나지 않아. 엄청난 물을 소비하는 문제가 있어. 소고기 스테이크 200g을 만드는 데만 물 4,500ℓ가 필요하다고 해. 또 소의 방귀에서 나오는 메탄과 분뇨의 아산화질소는 지구 온도를 높이는 대표적 물질이야.

동물보호협회들은 육식을 반대하고 육식하는 일을 야만적이라고 주장해. 하지만 고기를 먹는 것 자체가 비난 받을 일은 아니야. 고기를 먹어야 행복하고 힘이 솟아나는 사람은 어떻게 하라고. 식생활의 스타일은 다양하고 각각의 스타일은 존중 받아야 해. 또 고기는 어린이가 성장하는 데 필요한 영양소를 주지.

환경을 살리기 위해 맛있는 고기를 포기해야 한다고 강요하고 싶지는 않아. 소고기나 돼지고기를 먹을 때마다 죄책감을 느끼라는 것도 아니야. 대신에 먹는 양을 줄여 보는 건 어떨까? 지구를 생각한다면 육식을 줄여야 한다는 데 많은 이들이 동의

하고 있어. 많은 이들이 조금씩만 적게 먹으면 돼. 전 세계에 소는 10억 마리, 닭은 230억 마리가 있다고 해. 환경을 위해선 소보다 닭을 먹는 것도 방법이지. 콩으로 만든 고기를 찾는 사람도 있어. 그러면 고기 생산에 필요한 자원을 줄이고 숲을 더 파괴하지 않아도 되니까. 단지 소고기를 더 먹으려고 아마존의 거대한 나무들이 잘리고 울창한 숲이 허허벌판이 되는 건 있어서는 안 되는 일이야.

몸을 움직일 수도 없는 작은 우리에서 평생을 살다가 도살장으로 이동하는 돼지들.

GMO

유전자재조합생물로 생명공학 기술을 이용하여 내부에 새로운 유전자를 삽입한 생물, 또는 그러한 생물 자원을 이용하여 만든 제품을 가리킨다.

: 단단한 토마토, 독한 옥수수

유전공학이 아직 생소하던 1980년대에 뿌리에선 감자가, 줄기에선 토마토가 열리는 식물이 소개되었어. 그때 유전공학은 인류의 식량 문제를 없애 줄 마법의 과학으로 소개되었지. 실제로 유전공학은 작물을 개량해서 생산량을 높이는 데 활용되었어. 유전자를 변형시킨 생물을 GMO(Genetically Modified Organism, 유전자변형생물)라고 해. GMO처럼 유전자 변형이 되었는데 생식, 번식을 할 수 있는 살아 있는 생명체는 LMO(Living modified Organism, 살아 있는 유전자변형생물)라고 하지.

유전물질인 DNA를 마음대로 잘라서 붙일 수 있는 기술을 이용하면 특정 생물에 원하는 특성을 갖게 할 수 있어. 예를 들어, 오렌지에 어떤 바이러스를 잘 이겨 내는 DNA가 있다고 가정해 봐. 그 DNA를 잘라 내서 자두에 집어넣으면 자두도 그 바이러스에 강한 특성을 지니게 되는 거야. 비유하자면, 내가 수포자였는데 수학 선생님의 DNA를 나한테 잘라 붙여서 내가 수학 천재가 되는 식이지.

유전자 조작을 이용하면 병충해에 강하고 영양 성분도 뛰어난 농작물을 만들 수 있어. 예를 들면 빠르게 자라는 연어, 해충과 전염병에 강한 옥수수, 비타민이 많은 황금쌀, 바이러스에 강한 자두, 덜 무르는 토마토 등이 있어. 가장 대표적인 것이 제초제에 잘 견디는 농작물이야. 그런 농작물을 개발해 제초제를 뿌리면 잡초는 제거하고 농작물은 살아남아서 생산성을 높일 수 있어. 여기까지만 보면 인류의 굶주림과 질병까지도 해결해 줄 놀라운 기술이야. 그런데 몇 가지 걱정되는 부분이 있어.

GMO를 먹으면 인체에 해롭지 않을까? GMO 기술로 유명한 미국의 회사 몬산토는 유전자 조작으로 제초제를 이겨 내는 GMO 콩과 유채꽃을 만들었어. 그런데 이 유전자가 잡초한테 옮겨 가서 잡초가 안 죽는 문제가 생겼어. 또 동물 실험에서 GMO 감자를 먹고 쥐나 닭이 죽기도 했지. 인간에게 당장은 문제가 없더라도 오랫동안 먹으면 몸에 해로울 수 있다는 의견이 있어.

그리고 GMO가 퍼지면 생태계가 교란되지는 않을까 하는 우려도 있어. 유전자가 조작된 종자가 우연히 다른 밭으로 옮겨 갈 수도 있어. 그러면 순수한 자연 그대로의 유전자가 오염되는 거야. 결국 유전자가 조작된 생물들이 퍼져 돌연변이가 나온

다거나 재래종이 사라져 생물다양성이 줄어들면서 생태계 균형이 깨질 수 있지. 이런 이유로 환경 단체와 소비자 단체들은 GMO 반대운동을 벌이고 있어.

GMO 식품에 대한 의견이 다양한 만큼, 소비자가 알고 선택할 수 있어야 해. 그래서 우리나라를 포함해 많은 나라들은 식품에 GMO 표시를 하게 되어 있어. 원료명에 보면 '옥수수'(유전자변형 옥수수 포함 가능성 있음)라고 쓰인 것을 볼 수 있지. 우리에게 친숙한 GMO 식품으로는 카놀라유가 있어. 유전자 변형 유채꽃 씨로 짠 식용유야. 2023년 12월 기준, 한국에서 식용으로 허용된 GMO 식품은 콩, 옥수수, 면화, 카놀라, 사탕무, 알팔파 총 6종이야. 하지만 이들 모두 가공 식품의 원료로 사용되는데, 최종 제품에는 GMO 표시가 의무화되지 않아 소비자들이 쉽게 식별하기 어렵다는 문제점이 있어.

혹시 이렇게 결심했어? '나는 절대로 GMO를 먹지 않을 거야.' 그런데 곡물 자급률이 낮은 우리나라는 GMO 콩, 옥수수 등을 많이 수입하기 때문에 알게 모르게 많이 먹게 돼. GMO를 직접 먹지 않더라도 GMO 사료를 먹은 고기나 GMO 곡물이 포함된 과자를 먹게 될 수도 있지.

유전공학은 그리 오래되지 않은 기술이야. GMO가 정말 안전한지, 우리가 안심하고 먹어도 되는지를 확인하려면 앞으로

2015년, 몬산토 반대 행진은 아메리카 대륙부터 아프리카, 유럽까지 40개국 이상, 400여 도시에서 열렸어.

더 오랜 시간이 필요할 거야. 먹더라도 알고 먹어야 하고, 불안하면 GMO가 포함되지 않았다는 의미의 'Non GMO' 식품을 찾으면 돼.

에
너
끼 와 환
경

원 자 력 과 방 사 능
신 재 생 에 너 끼
R E 1 0 0

원 자 력 과 방 사 능

원자력은 원자핵의 반응을 이용하여 만드는 에너지로, 제3의 불이라는 별명으로도 불린다. 방사능은 라듐, 우라늄, 토륨, 폴로늄 등 방사성 원소의 원자핵이 붕괴하면서 방사선을 방출하는 일, 또는 그런 성질, 또는 그런 물질의 양을 통칭하는 용어이다.

: 체르노빌과 후쿠시마가 말해 주는 것

주전자 물이 확 끓어오르면서 뚜껑이 열릴 때가 있지. 바로 증기의 힘이야. 전혀 다른 차원의 힘이지만 전기를 만드는 힘의 원리도 비슷해. 물을 끓여서 증기 압력으로 터빈(회전식 기계 장치)을 돌리는 것은 전기를 생산하는 방법 중의 하나야. 물을 끓일 때 석탄을 태우면 석탄 화력 발전이고 원자로의 핵분열을 이용하면 원자력 발전인 거지.

원자력 발전의 장점은 뛰어난 효율성이야. 원자력 발전 원료인 우라늄 1g에서 나오는 에너지는 석유 9드럼과 같아. 원자력은 처음 발전소를 짓는 비용은 높지만 이후 연료 가격 같은 유지비가 비교적 싼 게 장점이야. 현재까지는 태양광, 풍력 같은 재생 에너지보다 전기 생산 가격이 싸지. 이처럼 화석 연료에 의존하지 않고 효율이 높은 우라늄으로 비교적 싸게 전기를 생산하는 것이 원자력의 장점이야. 1970년대는 석유 가격 폭

등으로 전 세계가 고생하던 시기였어. 특히 우리나라처럼 석유 한 방울 안 나는 나라들의 어려움은 더 컸지. 그때 원자력은 에너지 문제를 해결해 줄 뛰어난 신기술이었어. 1978년 우리나라에서 최초의 원자력 발전소인 고리원전 1호기가 가동을 시작했어. 이후 20개 이상의 원자력 발전소를 지어서 우리가 쓰는 전기의 30% 정도를 생산했지.

하지만 문제가 있었어. 원자력 발전소 사고와 방사능 오염 문제가 생겨난 거야. 원자력 사고는 너무나 치명적이었어. 1987년 우크라이나 체르노빌에서 최악의 원자력 사고가 일어났어. 수만 명의 사상자가 발생했지. 부러진 뼈는 다시 붙고 째진 상처도 다시 아물지. 하지만 방사선은 DNA의 배열을 망가뜨리고 세포 분열을 막아서 치명적인 질병을 일으켜. 방사능 피폭으로 수많은 기형아와 기형 동물이 태어났어. 그리고 체르노빌은 아무도 들어갈 수 없는 땅이 되어 버렸어. 원자력의 위험성을 전 세계가 제대로 깨닫게 된 사건이었지.

세월이 흐르면서 체르노빌은 점점 잊혔어. 2000년 이후 기후 위기가 심각해지면서 원자력 발전이 대안으로 떠올랐어. 원자력 발전소에는 굴뚝이 없어. 원자력이 탄소 배출 없는 무공해 에너지로 인식되면서 여러 나라에서 원자력을 확대하려는 움직임이 있었어.

2021년 체르노빌의 모습. 원자력 사고 당시의 처참했던 모습들이 그대로 남아 있어.

하지만 이 모든 흐름을 뒤집은 사건이 2011년 일본에서 일어났어. 후쿠시마에 큰 지진이 일어나면서 쓰나미가 원자력 발전소를 덮쳤어. 폭발이 일어나 원자로가 녹아 버렸어. 체르노빌에 버금가는 최악의 원자력 사고였어. 후쿠시마는 체르노빌처럼 사람이 살 수 없는 땅이 되었어. 일본처럼 기술력이 뛰어난 나라에서도 이런 사고가 날 수 있다니 충격이었지. 기후 변화대비를 위해 원자력 발전을 확대하려던 독일과 미국은 후쿠시마 사고를 계기로 생각을 바꾸었어.

원자력이 미래의 대체 에너지가 될 수 없는 이유는 무엇일까? 그 첫 번째는 앞서 본 것 같은 사고의 가능성이야. 원자력 사고가 자주 일어나지는 않지만 한 번의 사고는 너무나 치명적이야. 원자력의 경제적 효율이 높다고 하지만 사고 한 번이면 다 날아가 버리지. 무엇보다 사람들의 생명과 건강, 생태계에 미칠 해악을 생각해 봐. 전쟁이나 화재로 파괴된 마을은 다시 복구할 수 있지. 하지만 원자력 발전소 폭발로 오염된 땅은 방사능이 사라질 때까지 기다려야 하는데 그 시간은 예측이 불가능해. 체르노빌에 언제 사람이 다시 살 수 있을까? 3천 년 후라는 사람도 있고 2만 년 후라는 사람도 있어.

원전에서 사용한 핵 연료 처리의 문제도 있어. 핵 연료에는 플루토늄이나 우라늄 같은 위험한 방사능 물질이 있는데, 방사선이 줄어드는 반감기가 플루토늄 2만 4천, 우라늄 7억 년이야. 겨우 120년을 사는 우리에겐 영원이나 마찬가지인 시간이지. 지하 수백 미터에 영구적으로 저장하는 시설을 만든다는 아이디어가 있지만 아직 실행에 옮긴 나라는 없어. 우리나라의 경우 수만 톤의 핵 폐기물을 발전소 안에 임시로 쌓아 놓고 있는데 남은 공간이 별로 없어. 그래서 원전을 '화장실 없는 아파트'에 비유하기도 해. 화장실(영구 저장 시설)이 없어서 똥(사용 후 핵 연료)을 비닐에 둘둘 말아 집 한 구석(원자력 발전소)에 모아만 두는 셈이지. 언제, 어떻게 치울지 대책이 없어. 결국 후대에게 위험한 쓰레기를 물려주게 될 거야.

일본은 후쿠시마 원전 사고 이후 원전을 식히는 데 쓴 방사능 오염수를 바다로 방류하기 시작했어. 일본의 어민들은 물론 우리나라, 중국, 태평양 연안 국가들의 근심이 가득해. 오염수가 해류를 타고 돌고 돌아 이웃 나라까지 영향을 끼칠 수 있기 때문이지. 일본 정부는 안전하다고 말하지만 2023년 일본 후쿠시마 원전 오염수 방류 이후 후쿠시마산 수산물 일부에서 방사성 물질 '세슘137'의 검출량이 증가한 것으로 나타났어. 세슘137은 인체에 다량 흡수 시 암이나 유전 장애를 일으키는 방사성 오염 물질로, 반감기가 30년이야.

또 다른 문제로 원자력은 무기가 될 수도 있어. 원자력 에너지의 원리는 우라늄 원자가 쪼개지면서 엄청난 에너지를 방출하는 거야. 이때 핵분열이 빠르면 원자 폭탄, 천천히 하면 원자력 발전이야. 국제사회에서 원자력 기술을 통제하고 있지만 악용될 가능성은 늘 열려 있지.

우리나라는 미국, 프랑스, 일본, 러시아와 함께 세계 5위 원자력 대국이야. 원전 수출은 차 100만 대를 파는 것과 같다며 원전을 수출해 돈을 벌자고 주장하는 이들도 있어. 하지만 원자력 발전소 가동을 멈추거나 발전소를 폐기하는 '탈원전' 정책을 추진하는 나라도 생기고 있어. 전 세계에는 여전히 원자로가 400기 넘게 가동 중이야. 당장은 원자력을 쓰더라도 앞서 말한

한계 때문에 원자력을 가장 이상적인 에너지라고 생각하기는 어려워. 깨끗한 재생 에너지로 전환하는 게 최종 목표라면 원자력은 그전에 징검다리처럼 사용하는 에너지라고 할 수 있겠지.

2023년 4월 16일 독일은 마지막 원자력 발전소의 전원을 껐어. 원전 제로가 된 거야. 원전 찬성과 반대 여론이 아직 팽팽하고 에너지 위기 시대에 성급한 결정이라는 비판도 있었지만 과감한 결단을 했지. 독일은 왜 그랬을까? 체르노빌과 후쿠시마가 주는 교훈을 떠올려 보면 알 수 있지.

신	재	생	에	너	지

신 에너지와 재생 에너지를 합쳐 부르는 말이다. 기존의 화석 연료를 변환시켜 이용하거나 햇빛, 물, 강수, 생물유기체 등을 포함하여 재생이 가능한 에너지로 변환시켜 이용하는 에너지를 말한다.

: 자연이 무한정 공짜로 주는 에너지

석탄, 석유, 가스 같은 화석 에너지는 아주 먼 옛날 지구에 살았던 생물이 화석처럼 굳어져 오늘날 연료로 사용하는 물질이야. 탄소로 된 생명체에서 생긴 것이기 때문에 태워서 에너지를 얻는 중에 온실가스를 배출하게 돼. 1850년 무렵 산업화가 본격화되면서 온실가스가 대량으로 배출되기 시작했고 우리 지구는 기후 위기를 겪기 시작했지. 인류가 기후 위기를 해결하려면 바로 이 화석 에너지 의존도를 낮춰야 해.

석유는 이미 1980년대부터 30년 내에 고갈될 거라는 말들이 돌았어. 하지만 지금도 열심히 생산하고 있어. 특히 미국은 퇴적암(셰일) 속에 고인 셰일 가스와 오일을 뽑아내는 기술을 개발해서 사우디에 버금가는 산유국이 되었어. 게다가 석탄은 세계 곳곳에 넉넉히 있고 값이 싸기 때문에 여전히 값싸게 전기를 생산하는 연료로 사용되고 있지.

화석 에너지에 대해 알아야 할 두 가지 사실이 있어. 첫째, 화석 연료는 결국 바닥이 나게 되어 있다. 둘째, 설령 매장된 양이 아직 많더라도 기후 변화의 가장 강력한 원인이므로 지금처럼 계속 쓸 수는 없다.

환경 관점에서 에너지는 두 개로 나뉘어. 하나는 기후 변화의 주범으로 꼽혀 '더러운 에너지'로 불리는 화석 에너지야. 다른 하나는 '깨끗한 에너지'인 신재생 에너지야. 영원히 써도 닳지 않고 쓰레기도 거의 생기지 않지. 화석 연료를 쓰지 말자고 주장하는 것만으로는 충분하지 않아. 화석 에너지의 대안을 제시해야지. 신재생 에너지가 바로 그 대안이야.

첫째가는 신재생 에너지는 역시 태양이야. 사실 우리가 쓰는 에너지의 99% 이상이 태양에서 나와. 석탄과 석유도 태양에서 나온 에너지가 쌓인 것이지. 우리 몸을 구성하는 원소들, 우리가 섭취한 동식물, 그 모든 기원은 태양 에너지야. 지구로 날아오는 태양광을 1시간 동안 전부 모으면 전 세계가 1년 동안 쓸 에너지가 된다고 해. 그 에너지를 다 모을 기술이 없다는 게 문제지만.

태양광 발전은 태양빛으로 전기를 생산하는 방식이야. 태양의 빛을 전기로 바꾸는 태양 전지를 이용하지. 태양열 발전은 태양열로 물을 끓여 터빈을 돌리는 방식이야. 태양광 발전의 장치들은 예전에는 비싸다는 문제가 있었지만 점점 가격이 낮아지고 있어. 또 태양빛을 모아 두었다가 필요할 때 쓰는 에너지 저장 기술도 발전하고 있지.

풍력 발전은 바람의 엄청난 힘과 에너지를 이용해. 풍력 사용의 예로 돛단배, 풍차를 들 수 있어. 풍력 발전은 보통 100m 이상의 날개를 장착한 대형 바람개비로 터빈을 돌려 전기를 만들어. 땅에 설치할 장소를 찾기 힘들어 해상에 설치하는 경우도 많아. 이런 것을 해상 풍력 발전이라고 해. 해상 풍력은 바다로 둘러싸인 나라들에게 맞는 발전 방식이야. 우수한 재생 에너지를 생산할 수 있고 미래 산업으로서도 뛰어난 가치가 있는 기술이야. 미국과 유럽은 해상 풍력 발전소를 크게 늘려 갈 계획

바람과 태양이 주는 깨끗한 에너지로 완전히 대체되는 그날이 빨리 왔으면 좋겠어.

이야. 덴마크는 전력의 40% 이상을 풍력으로 충당하지. 해상 풍력 세계 1위 회사인 오스테드가 덴마크 회사야.

수력은 물이 떨어지는 힘으로, 조력은 조수간만의 차로 전기를 만들어. 산과 계곡, 호수가 많은 노르웨이는 수력이 전체 에너지의 90% 이상을 차지해. 지열 발전은 마그마가 암석층 속의 지하수를 데우면 뜨거운 지하수를 에너지로 쓰는 방식이야. 화산이 많은 아이슬란드는 나라에서 사용하는 에너지의 70%를 지열로 얻지. 바이오매스는 나무, 풀, 열매, 잎 같은 유기체를 태워서 내는 에너지야. 삼림이 풍부한 나라에서는 목재 연료가 많이 쓰이지. 캠핑장에서 고기를 굽거나 불멍할 때 태우는 장작이라고 생각하면 이해하기 쉬워.

앞에서 살펴본 것처럼 신재생 에너지는 자연에 의존하는데, 나라마다 자연 조건(일조량, 지열, 조력)이 다르니까 각각에 맞는 에너지원도 다르지. 태양 에너지를 쓰려면 해가 잘 비추는 넓은 땅이 있어야 하고, 풍력은 바람이 많이 부는 기상 조건, 지열은 화산 지대에 적합해. 신재생 에너지의 한계는 변동성이야. 바람은 세게 불었다가도 잠잠해지고 구름이 끼면 햇빛은 사라지고 가뭄이 들어 물이 부족하면 수력 발전량도 줄어들 수 있지. 그래서 여러 종류의 발전 방식을 돌려가며 써서 서로 부족한 것을 채워 주는 방법도 있어.

신재생 에너지의 특징을 정리해 볼게.

신재생 에너지	특징
공공 미래 에너지	환경 오염과 방사능 오염이 없는 청정에너지로 미래에 우리 모두가 사용할 수 있는 에너지
환경친화형 청정에너지	화석 연료 사용에 의한 CO_2 발생이 거의 없음
비고갈성 에너지	태양, 바람 등을 활용하여 무한 재생이 가능한 에너지
기술 에너지	연구 개발에 의해 에너지 자원 확보가 가능

출처 : 한국전력공사

신재생 에너지는 미래의 대안 에너지로 꼽히지만 여러 가지 한계도 있어. 수력 발전을 위해 대형 댐을 만들 때 동물들의 서식지가 수몰되고 숲과 하천 생태계가 파괴되기도 해. 풍력 발전에는 풍력 바람개비의 소음, 경관 훼손, 새들의 충돌 문제가 있어. 조력 발전은 거대한 방조제를 쌓아야 해서 갯벌과 해양 생태계를 파괴할 위험이 있지. 태양광 발전은 태양 전지를 넓은 면적에 깔아야 해서 공간 효율성 부족이 단점으로 지적되고 있어. 신재생 에너지 장비의 기술과 비용 문제도 있어. 개발도상국에겐 석탄 화력 발전이 현재로서는 가장 싼 전기 생산 방식이야. 신재생 에너지를 도입하는 데 필요한 자본과 기술이 부족하기 때문이지.

이처럼 여러 문제가 있지만, 신재생 에너지가 인류가 추구해야 할 미래라는 데에 대부분 동의하고 있어. 전 세계적으로 에너지 비중이 재생 에너지로 이동한다면 기술력도 더 좋아지고 생산 가격도 내려가게 돼. 기후 변화에 관한 정부간 협의체 IPCC에 따르면 지난 10년간 태양광과 풍력으로 전기를 만드는 생산 비용이 절반 이상 떨어졌어. 기술과 투자가 몰리고 있어서 가격이 내려가는 거야.

미래의 재생 에너지로 주목받는 것은 수소야. 『80일간의 세계일주』를 쓴 소설가 쥘 베른은 1874년에 산소와 수소가 미래의 석탄이라고 말했어. 수소 자동차가 굴러다니는 쥘 베른의 상상은 오늘날 부분적으로 실현된 셈이야. 수소는 산소와 결합하여 물을 만들고 이때 에너지가 발생해. 지표면의 70% 이상이 수소를 포함한 물질이니까 거의 무한한 에너지원이지. 사용 후에는 다시 물로 돌아가니 쓰레기와 오염 발생 위험도 없어. 문제는 현재 기술로는 수소 생산 가격이 엄청 비싸고 또 수소를 만드는 과정에서 이산화탄소가 배출된다는 거야. 앞으로 값싸고 깨끗한 수소 제조 기술이 필요한 이유야.

일본 토요타에서 발표한 수소 자동차 FCV 플러스 콘셉트. 콘셉트 카이기 때문에 아직 출시되지는 않았어. 수소 자동차의 한계를 뛰어넘어 안전하고 깨끗한 방식으로 차를 탈 수 있는 그날이 빨리 왔으면 좋겠어.

인류는 지금 화석 에너지 시대를 끝내고 태양력, 풍력, 조력 같은 신재생 에너지로 넘어가는 과도기를 겪고 있어. 유럽은 재생 에너지의 선두주자야. 2050년까지 신재생 에너지 100%로 전환하려고 계획하고 있지. 우리나라는 갈 길이 멀어. 국제에너지기구(IEA)에 따르면 2022년 기준 우리나라의 신재생 에너지 비율은 7.1%에 불과하지.

기업이 사용하는 전력 100%를 재생 에너지로 충당하자는 캠페인으로, 2014년 영국 런던의 다국적 비영리기구 '더 클라이밋 그룹'에서 시작되었다.

: 지구의 표준이 바뀐다

기후 변화를 막기 위해 해야 할 일은 끝이 없어. 그중 핵심적인 한 가지는 에너지 전환이야. 엄청나게 많은 탄소를 배출하는 화석 연료를 깨끗한 신재생 에너지로 바꾸는 거지. RE100(Renewable Electricity 100)은 기업 활동에 필요한 전력 발전을 2050년까지 100% 신재생 에너지로 쓰자는 자발적 캠페인이야. 2014년에 시작된 후로 유럽을 중심으로 여러 나라의 기업들로 확산되고 있어. 국제적인 비영리 단체 더 클라이밋 그

룹(The Climate Group)이 2014년 시작한 자율적인 캠페인이지. 구글, 애플, 삼성, BMW 등 세계적인 기업들이 RE100 회원으로 참여하고 있어. 우리나라는 2023년 기준 36개 기업이 회원으로 가입되어 있어.

에너지 소비 방식을 바꾸는 데 기업이 나서는 것은 중요해. 생산 과정에서 엄청나게 많은 전기를 쓰기 때문이지. 우리나라에는 삼성, SK하이닉스 같은 세계적인 반도체 회사들이 있는데, 도시 하나에서 쓰는 만큼이나 많은 전기를 쓰지. RE100을 2050년까지 실현하는 건 가입 최소요건이고, 대부분 2030년까지를 목표로 하고 있어. 일부 선진국들은 재생 에너지 생산량이 석탄 생산량을 앞지르기도 했어. 덴마크와 캐나다는 신재생 에너지 비율이 이미 70% 이상이야.

하지만 아직 많은 나라에서 신재생 에너지 전력 생산 비용은 화석 연료나 원자력보다 훨씬 비싸. RE100에 가입한 기업이 전력 100%를 재생 에너지로 쓰고 싶어도 그 나라의 전력 발전 방식이 신재생 에너지로 바뀌지 않으면 RE100을 실현할 방법이 없어.

앞서 RE100이 자발적인 캠페인이라고 했지? 재생 에너지를 쓰자고 하니까 단순히 환경을 살리자는 좋은 뜻을 실천하는 것 같지. 기업이 사회적 책임을 다하는 모습을 보여 주어 기업

이미지를 좋게 하고. 하지만 실제 의미는 그 이상이야. RE100 은 기업의 생존과 경쟁에 필수적인 요소가 되어 가고 있어.

2030년 이후에 여러 회사들이 RE100을 달성했다고 생각해 봐. 어떤 일이 일어날까? 예를 들어 미국의 애플 사가 이렇게 말하는 거지. "우리 회사에 부품을 공급하려면 RE100부터 달성하고 오세요. 우리는 100% 재생 에너지로 만든 물건이 아니면 사지 않습니다." 인권의식이 높아진 지금 노동자를 탄압하거나 아동 노동을 시키는 회사 물건을 안 받는 것이 자연스러워진 것처럼, 친환경적이지 않은 회사의 제품을 거부하는 거지. 기후 변화 해결에 노력하지 않는 회사의 상품은 이제 소비자들에게서도 외면 받을 수 있어. 그러면 아무리 제품을 잘 만들어도 경쟁에서 밀려나게 되는 거야. 그러니 RE100이 해도 좋고 안 해도 좋은 선택 사항이 아니라는 걸 알 수 있겠지? 세계 경제와 무역의 표준이 바뀌는 문제야.

100년도 넘은 에너지 생산 방식을 바꾸어 신재생 에너지로 전환하는 건 쉬운 일은 아니야. 너무나 실현하기 어려운 일이기 때문에 2030년, 2050년으로 시한을 못 박아 두었어. 유럽연합은 2030년까지 재생 에너지 비중 목표를 69%로 삼았어. 미국은 같은 기간 50%를 예상하고 있어. 2030년까지 절반 이상을 하고 나서 남은 절반을 2050년까지 채운다는 계획이야. 그에 비해 우리나라는 신재생 발전 비율이 겨우 7%대에 머물러 있잖아. OECD 평균이 30%를 넘는 것에 비하면 속도가 너무 느리지. 이제라도 전속력으로 달려 나가야 해. 다행히 기업들에서 조금씩 환경을 위한 움직임을 보이고 있어. 삼성전자 반도체는 2022년 RE100 이니셔티브에 가입해, 100% 재생 에너지 기반 전력 사용으로의 전환을 선언했어.

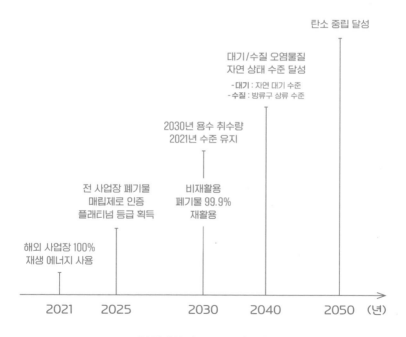

탄소 중립 달성

대기/수질 오염물질
자연 상태 수준 달성
-대기 : 자연 대기 수준
-수질 : 방류구 상류 수준

2030년 용수 취수량
2021년 수준 유지

전 사업장 폐기물
매립제로 인증
플래티넘 등급 획득

비재활용
폐기물 99.9%
재활용

해외 사업장 100%
재생 에너지 사용

2021   2025   2030   2040   2050   (년)

삼성전자 반도체 에너지 전환 계획

국 제 사 회
        와 환
           경

              기 후 난 민
           녹 색 G D P
        지 속 가 능 한 발 껀
           탄 소 국 경 세
기 후 위 기 를 믿 지 않 는 사 람 들
        국 제 기 구 와 국 제 협 약

기 후 난 민

기후 난민은 기후 변화 등 환경 파괴의 원인으로 생존을 위협받아 본래 있던 지역에서 이주한 사람들을 말한다. 전 세계적으로 급속히 진행되고 있는 삼림 파괴, 급격한 인구 증가로 인한 굶주림, 지구의 사막화, 가뭄·홍수·해일 등 자연현상과 인위적인 생태계 파괴 등 여러 가지 요인에 의해 생겨난다.

: 기후 때문에 나라를 잃은 사람들

나라를 잃는다는 건 끔찍한 경험이야. 침략 전쟁이나 내전으로 자기 나라를 떠나 떠도는 난민들의 얘기를 들어 봤을 거야. 2021년 이슬람 무장단체인 탈레반이 아프가니스탄을 점령했어. 사람들을 마구 탄압하고 처형하는 탈레반을 피해 수많은 아프가니스탄인들이 나라를 떠나 난민이 되었어. 이렇게 난민은 보통 정치적·종교적 박해 때문에 생기게 되지. 그런데 환경 재난으로 난민이 된 사람도 있어.

'기후 난민'은 기후 변화로 생긴 환경 재난 때문에 자기 나라나 마을을 떠나게 된 사람들을 가리키는 말이야. 기후 난민이 발생하는 원인은 홍수, 태풍, 산불, 사막화, 해수면 상승도 있고 이러한 재난으로 생긴 식량과 물 부족 문제도 있어. 유엔난민기구(UNHCR)에 따르면 2010년 기후 변화 관련 재난으로 이주하는 사람의 수가 2천만 명이 넘는다고 해.

기후 변화가 왜 난민 발생으로 이어질까? 시리아의 예를 보면 알 수 있어. 2011년 시리아에서 내전이 시작됐어. 정치적 이유도 있지만 기후 변화로 가뭄이 들고 식량난이 발생한 것도 주요 원인이었어. 그 연결고리를 살펴보면 기후 위기▷식량 위기▷인구 이동▷내전으로 이어지는 거야. 내전은 아직 끝나지 않았고 전체 인구 1,820만 명 중 640만 명이 난민이 되었어.

기후 변화로 인한 해수면 상승 역시 엄청난 수의 난민을 만들어 내고 있어. 기후 변화로 농사를 망치고 굶주리는 문제를 넘어서 나라나 도시가 통째로 없어지는 심각한 상황이지. 해수면 상승의 피해를 가장 크게 입은 나라 중 하나는 방글라데시야. 2050년까지 방글라데시 면적의 17%가 침수되고 그곳에 사는 2천만 명이 집을 잃게 될 거라는 예측도 있어. 몰디브, 키리바시 같은 남태평양 섬나라는 나라 전체가 바다에 수몰될 위험에 처해 있지.

사막화 역시 기후 난민을 만들어 내. 기후 온난화로 수분 증발량이 증가하면서 가뭄과 사막화가 더 심해지고 있지. 아프리카 사하라 사막은 점점 넓어져서 이제 미국과 맞먹는 크기야. 특히 사하라 남쪽의 건조 지역인 사헬 지역에 사막화가 빠르게 진행되고 있어. 이곳은 유목민이 소와 염소를 키우는 지역인데 수십 년째 가뭄이 계속되었어. 호수도 마르고 토지가 황폐해져서 사람들과 가축이 굶어죽었어. 사라하에 사막화가 가속화되면서 앞으로 난민이 많아질 거라는 예측이 제기되고 있어.

아프리카 동부 소말리아 난민촌은 2020년부터 우기에 비가 안 오는 가뭄이 이어지고 있어. 가축도 죽고 곡식도 바닥나자 소말리아인들은 난민이 되었어. 더군다나 내전이 일어나 고향 마을을 반군이 장악하고 있으니 고향 마을에 비가 온대도 갈 수 없어. 유엔에 따르면 2022년 한 해 동안 소말리아인 4만 3천 명이 가뭄으로 사망했고 난민이 3백만 명이나 발생했다고 해.

사실 가난한 나라들을 힘들게 하는 기후 변화의 문제들은 서로 연결되어 있어. 기후 변화로 초지가 사라지고 강수량이 줄고 폭염이 심해지면서 토지가 황폐화돼. 농부들은 농사를 망치고 사람들은 심각한 식량난과 영양실조를 겪게 돼. 어부들은 해양 산성화와 강과 호수 오염 문제로 고기잡이가 예전 같지 않아. 이렇게 기후 변화의 피해로 식량난과 물 부족을 겪으면 분쟁과 폭력이 더 자주 일어나게 돼. 그 결과 기후와 내전으로 인한 난민이 늘어나는 악순환이 벌어지게 돼.

앞으로 기후 변화가 더 악화된다면 이러한 악순환도 더 심해지겠지. 유엔은 2050년 기후 난민을 10억 명으로 예상하기도 했어. 기후 변화가 심해지면서 기후 난민이 늘어나는 건 시간 문제야. 기후 위기는 반드시 막아 내야 해.

방글라데시 해안 지역의 다른 주민들처럼 이 가족도 기후 변화로 큰 어려움에 처해 있어. 지구 온도가 상승하면서 빙하가 녹고 바닷물이 팽창해 해수면이 높아지고 있거든. 이 현상 때문에 해안 지역이 점점 물에 잠기고, 공동체가 이주하고, 집이 파괴되고, 바다와 땅에 의존해 살아가는 어부와 농부들의 생계가 영향을 받아. 이 어부 가족은 진흙 집에 살고 있는데, 파슈르 강의 파도가 계속 치면서 집이 언제 무너질지 몰라. 밀물이 들어오면 물 높이가 더 올라가. 이런 어려움에도 불구하고, 이들은 이곳에서 새우 잡는 일을 계속하고 있어.

| 녹 | 색 | G | D | P |

GDP에서 환경 비용, 즉 경제활동으로 발생하는 환경 자본 소모분이나 환경 피해액을 제한 나머지를 가리키는 용어로 국민의 삶의 질을 향상시키고 산업부문별 환경 투자의 효율성을 증진시키는 데 유용한 자료로 활용된다.

: 달팽이처럼 느리게 가 봅시다

지금 세계는 불황으로 경제 성장이 둔화되어 있어. 우리나라는 2023년에 1.4% 경제 성장률을 보였어. 보통 5~6%대 성장을 기준치로 보기 때문에 이 상황을 심각하게 보는 사람들이 많아.

우리에게는 국내총생산(GDP) 같은 경제 지표들이 매년 올라가야 한다는 환상이 있어. GDP가 늘어나고 경제 규모가 더 커지면 가난과 불평등도 해결되고 더 나은 삶을 살 수 있다고 믿기 때문이야. 경제 성장이야말로 모든 문제 해결의 열쇠인 것처럼 보이지. 하지만 경제 성장은 환경 파괴를 바탕으로 이루어지는 경우가 많아. 여기서 우리의 고민이 시작돼. 경제는 무한히 성장해야만 할까? 환경을 희생하면서까지 성장은 계속되어야 할까?

지구의 공간과 자원은 한정적이야. 경제 성장은 더 많은 에너지 사용, 탄소 배출, 생산과 소비, 수질 오염, 쓰레기 배출을 의미해. 그렇다면 우리는 이렇게 생각해 볼 수 있지. 환경 파괴를 멈추고 지구를 쉬게 하기 위해 느리게 성장하면 안 될까? 느린 성장이라고? 큰일 날 소리라고 펄쩍 뛰는 사람들이 있을 거야.

오늘날 세계를 지배하는 질서는 자유무역주의야. 모든 나라들이 더 많은 상품을 생산하고 자유롭게 무역을 해서 더 부자가 되는 것을 최고의 목표라고 생각하지. 여기에는 성장이 무조건 선하고 이로우며 기술은 유익하다는 전제가 있어. 세계 경제는 부를 더 키우는 쪽으로만 흘러가. 여러 정부들 그리고 세계 은행이나 세계무역기구(WTO) 같은 국제기구는 환경보다는 개발 자체에 초점을 맞추기 마련이지. 반면에 환경 보호론자는 산업 발전을 방해하는 존재처럼 취급받곤 해.

하지만 우리는 고민해 봐야 돼. 환경을 파괴하면서까지 생산을 늘리는 게 과연 성장일까? 대개 성장이라고 하면 국내총생산(GDP)의 성장을 말해. GDP는 1년 동안 한 국가의 국경 안에서 생산한 상품과 서비스 가치를 합쳐 돈으로 나타낸 거야. 그런데 GDP는 경제 성장 과정에서 생기는 환경 파괴 비용을 반영하지 않아. 예를 들어 보자.

자동차 생산 세계 1~3위인 토요타, 폭스바겐, 현대기아는 2022년 한 해 2,500만 대가 넘는 차를 생산했어. GDP가 쭉쭉 올라가지. 하지만 여기엔 생산 과정에서 일어나는 오염, 온실가스 증가, 교통 체증, 매연으로 인해 발생하는 비용은 포함되지 않아. 그 물건의 생산 가치만 따지고 손실은 따지지 않거든.

기후 위기로 생겨난 토네이도와 홍수 때문에 미국의 어느 도시가 쑥대밭이 되었어. 새 집과 공공시설을 짓고 새 도로와 다리를 건설하느라 수천만 달러가 들었어. 이 복구에 들어가는 공사 비용은 GDP에 포함돼. 하지만 파괴된 부분은 손실로 계산되지 않지. 곡물 관련 기업이 열대우림을 밀어 버리고 곡물을 생산해 수출하면 그건 GDP의 성장으로 나타나. 그런데 숲이 파괴되어 잃어버린 생태계, 열대우림, 동식물들은 숫자로 나타나지 않지. 이렇게 환경 파괴를 바탕으로 이루어진 성과들을 '성장'이라고 부를 수는 없어.

어떤 사람이 1억을 벌었다고 치자. 그런데 밤낮 없이 쉬지 않고 일해 골병이 들어 병원비로 3천만 원을 썼다면? "그래도 7천만 원 벌었잖아?" 하면서 좋아할 사람은 없어. 대부분의 사람은 차라리 건강한 몸으로 덜 부자가 되는 편을 택할 거야.

그래서 나온 개념이 녹색 GDP야. 녹색 GDP란 GDP에서 환경 비용, 즉 경제활동으로 발생하는 환경자본 소모분이나 환경 피해액을 제한 나머지를 가리키는 용어인데, 국민의 삶의 질을 향상시키고 산업부문별 환경투자의 효율성을 늘리는 데 유용한 자료로 활용되고 있어.

태안 기름 유출 사고는 2007년 12월 7일, 충청남도 태안군 인근 해상에서 선박 충돌로 인해 다량의 기름이 유출하여 발생한 국내 최대의 해양 오염 사고야. 태안 군민에게 심각한 물질적, 정신적, 신체적 피해를 입혔어.

    녹색 GDP가 필요한 이유는 여러 가지가 있는데 먼저 자원 고갈 문제를 해결할 실마리가 될 수 있다는 거야. 기존 GDP를 적용할 때는 자원 소모량이 많아도 생산량만 높으면 플러스 효과가 발생했는데 녹색 GDP는 자원 사용량이 많을수록 오히려 마이너스 값을 나타내게 돼. 따라서 정부 입장에서는 이러한 결과를 토대로 적극적으로 대체 에너지를 개발하고 효율성 향상을 위한 노력을 기울이게 되고 그 결과 미래 세대를 위한 지속 가능한 발전이 이뤄지게 돼. 보통 GDP가 상승하면 무조건 살기 좋은 나라라고 인식들을 하지만 실제로는 대기 오염, 수질 오염 등 환경 악화로 인해 고통 받는 인구가 늘어날 수도 있어. 반면 녹색 GDP를 적용할 경우에는 이런 부분까지도 종합적으로 고려하기 때문에 진정한 의미의 선진국 여부 판단의 기준이 될 수 있어. 기후 변화 대응 측면에서도 매우 유용한데 실제로 IPCC의 보고서에 따르면 지구 온도 1.5℃ 상승을 억제하기 위해서는 전 세계 GDP의 약 2%에 해당하는 금액을 매년 환경 보호 분야에 투자해야 한다고 해. 이때 녹색 GDP를 활용한다면 각 국가별 친환경 정책의 성과를 측정하거나 부족한 부분을 보완하는 데 큰 도움이 될 수 있을 거야.

우리나라의 2021년 GDP는 2,071조 원, 2022년은 2,150조 원이야. 그럼 79조 원이 늘었네? 그런데 생산 과정에서 환경 오염이 발생했다고 가정해 보자. 바다에 기름이 유출되고 대기 오염으로 환자가 생겨서 비용이 들었어. 그리고 동식물 수백 종이 멸종했어. 자원 개발을 한다고 벌목, 개간하고 화석 연료를 태웠어. 이런저런 환경 비용을 빼고 나면 GDP 성장은 제자리걸음이거나 심지어 마이너스일 수 있어.

성장 자체가 나쁜 것은 아니야. 경제 성장의 가치는 대단한 것이고 우리는 그 혜택을 누리고 있어. 하지만 우리는 어떤 성장인지를 물어야 해. 성장에만 몰두한 사이, 기후 위기의 문제는 인류를 삼킬 만큼 차올랐어. 지금 당장은 많이 생산하고 많이 소비하는 게 편하고 풍요로워 보일지 몰라. 환경을 지키는 데 쓸 돈까지 알뜰살뜰 아껴서 이익으로 챙기고 싶겠지. 하지만 시간을 두고 보면 환경을 희생한 대가로 얻은 당장의 발전보다 생태계를 보전함으로써 얻는 이익과 가치가 훨씬 크다는 걸 알 수 있어. 그렇다면 환경 파괴 없이 성장이 가능할까? 환경 파괴 없는 성장은 어떤 것일까? 지금까지 알던 개념들을 버리고 새롭게 정의할 필요가 있어. 다음 장에서 알아보자.

찌 속 가 능 한 발 껀

경제와 환경이 상호 보완적인 관계이고 지속적인 경제 성장이 환경 문제 개선에도 긍정적으로 작용한다는 견해. 현세대의 개발 욕구를 충족하면서도 미래 세대의 개발 능력을 저해하지 않는 '환경친화적 개발'을 의미한다.

: 오직 하나뿐인 찌구

요즘 '지속 가능'이란 말은 유행어처럼 흔하게 쓰여. 지속 가능은 어떤 일을 끊이지 않고 오래 이어 갈 수 있다는 뜻이야. 예를 들면, 지속 가능하게 일한다는 건 뭘까. 충분히 쉬고, 잘 먹고, 스트레스를 조절하면서 일하는 거야. 그래야 몸이 회복되고 충전되어서 다음 날도 일터로 갈 수 있지. '오늘만 사는 인생'이 아니라면 그래야만 해. 몸을 혹사해 일을 하다가 큰 병에 걸리면 돈을 많이 벌었다한들 무슨 소용이 있겠어.

예전에는 지속 가능이라는 단어가 없었지만 우리 조상들은 땅과 바다에서 지속 가능한 삶의 지혜를 실천해 왔어. 예를 들면, 땅을 쉬게 해 가며 농사를 지었어. 땅의 영양분을 다 소진하지 않고 남겨 두기 위해서였지. 고기를 잡을 때는 씨알이 작은 물고기나 새끼를 밴 경우는 놔 주었지. 물론 이것은 지금도 통용되는 방식이야. 금어기를 정해서 산란기의 어미 물고기나 어린 물고기를 일정 기간 동안 못 잡게 해. 그렇게 하지 않으면 소중한 바다 자원이 모두 고갈되기 때문이야.

그렇다면 지속 가능한 발전이란 무엇일까? 자원을 있는 대로 다 퍼내어 쓰지 않고 환경을 훼손하지 않는 발전을 말해. 지구에 유통기한이 있어서 몇백 년 쓰고 버릴 거 아니잖아. 그리고 우리는 알고 있지. 두 번째 지구는 없다는 사실을. 후손들도 자연이 주는 혜택을 똑같이 누릴 수 있게 하려면 바로 지금 자연을 보전해야 해. 지속 가능한 발전을, '미래 세대가 쓸 자원과 환경을 미리 당겨서 쓰지 않는 것'이라고 표현하기도 해.

1972년 스웨덴에서 유엔인간환경회의가 열렸어. '오직 하나

1972년, 스톡홀름에서 자전거를 타고 있는 유엔인간환경회의 회원들의 모습. 유엔인 간환경회의의 결과 7개의 선언문과 26개의 원칙으로 구성된 '유엔인간환경선언'(The United Nations Declaration on the Human Environment, 스톡홀름선언)이 채택되었어. 26개의 원칙은 "인간은 품위 있고 행복한 생활을 가능하게 하는 환경 속에서 자유, 평등 그리고 적정 수준의 생활을 가능하게 하는 생활조건을 향유할 기본적 권리를 가지며 현 세대 및 다음 세대를 위해 환경 보호 개선의 엄숙한 책임을 진다"고 말하고 있어.

뿐인 지구'라는 주제로 환경 파괴와 천연자원 고갈을 막기 위해 113개국의 대표들이 모였지. 인구 성장, 산업화, 오염, 식량 생산, 자원 소모가 지금처럼 계속되면 지구는 고갈되고 말 거라는 위기 의식을 공유하는 시간이었어.

그전까지 인류의 대다수는 너무나 가난했어. 그래서 산업화 이후 성장과 발전을 위해서라면 무엇이든 했지. 자원을 캐고 화석 연료를 태우고 숲과 갯벌을 밀어 버리고 들판을 엎어 고층 건물과 아스팔트 도로를 만들었어. 유엔인간환경회의에 모인 각국 대표들은 이런 식으로 경제 발전을 이어 가는 건 불가능하다고 생각했지. 이때부터 지속 가능성이라는 말이 자주 쓰이기 시작했어.

지속 가능한 개발을 뒷받침하는 주장은 이거야. 지구는 유한하다. 있는 대로 퍼내고 착취하면 결국 바닥이 드러난다. 그런데 옮겨 가 살 땅은 없다! 세계자연기금(WWF)은 현재 80억의 세계 인구가 식량, 에너지 같은 자원을 쓰려면 지구가 1.7개는 필요하다고 했어. 세계 인구가 한 세대 전만 해도 40억 명대였고 지금 2배가 되었으니 그럴 만도 하지. 성장과 발전의 기준은 이제 달라져야 해. 무조건 규모가 성장하는 게 중요한 게 아니야. 지속 가능한 방식이어야 해.

오늘날 말하는 지속 가능한 발전은 화석 에너지 사용을 줄이고 무분별한 개발을 멈추는 것을 뜻해. 기후 변화를 막기 위해 재생 에너지를 사용하고 자연을 보전하는 방식으로 발전을 추구하는 거지. 자연이 본 모습을 간직하도록 두는 게 중요해. 갯벌은 갯벌 그대로 있어야 하고 산도 수십억 년 그랬던 대로 두어야 해. 생물들의 고향과 집도 건들지 말아야 하지. 탄소 농도 같은 대기권의 상태도 적절하게 유지되도록 관리해야 돼.

몇 번이나 강조하지만, 우리 인류는 지구를 빌려 쓰는 사람이지 영원한 주인이 아니야. 위탁 관리자에 불과하지. 잠시 맡아서 썼다가 후손에게 잘 물려주어야 해. 천 년 뒤에도 만 년 뒤에도 십만 년 뒤에도 지구가 지속 가능하도록.

탄 소 국 경 세

이산화탄소 배출 규제가 느슨한 국가가 규제가 강한 국가에 상품과 서비스를 수출할 때 적용받는 일종의 환경 무역 관세다. 유럽연합은 2026년부터 세계 최초의 탄소국경세를 시행할 것을 예고했다.

: 탄소 감축 안 할 거면 장사하지 마

쓰레기를 집 밖에 내놓기만 하면 치워 가던 시절이 있었어. 많이 버린다고 누가 뭐라고 하거나 돈을 낼 필요도 없었지. 그러던 중 1995년 쓰레기 종량제가 시작되었어. 종량제 봉투를 사야 하니 쓰레기를 버리는 데 돈이 들게 된 거야. 그러자 사람들은 쓰레기를 최소화하고 조심히 버리기 시작했어. 효과는 바로 나타났어. 쓰레기의 양이 확 줄어든 거야.

이제 탄소를 버리는 것도 공짜가 아니야. 탄소가 지구 환경에 끔찍한 피해를 끼치는 만큼 비용을 내고 버려야 하지. 탄소세는 석탄, 석유 같은 화석 연료를 사용할 때 나오는 온실가스 배출량에 따라 매기는 세금이야. 1990년 핀란드에서 시작되어 다른 유럽 국가들까지 확대되었어. 아시아에서 탄소세를 도입한 나라는 일본과 싱가포르야. 세금은 나라마다 차이가 있어. 스웨덴의 경우 탄소 1톤을 배출할 때마다 100달러가 넘는 탄소세를 내야 하지.

탄소세를 내면 어떤 변화가 생겨날까? 우리나라에서 쓰레기 종량제가 시작되었을 때와 같을 거야. 모두들 온실가스를 적게 배출해서 세금을 아끼려고 노력할 거야. 아니면 탄소세가 없는 태양열, 풍력 같은 재생 에너지를 쓰려고 하겠지. 이익과 손실의 문제 앞에서 대부분의 사람들은 재빠르게 움직여. 특히 세금 내는 걸 너무 싫어해. 그래서 탄소세는 온실가스 감축에 효과적인 방법으로 떠오르고 있지. 어떤 학자는 아예 '지구탄소세'를 걷어 전 세계인에게 나누어 주면 기후 위기와 빈곤을 동시에 해결할 수 있다고 주장하기도 해.

탄소국경세라는 것도 있어. 유럽연합은 2026년부터 탄소국경세를 시행할 예정이야. 수입된 물건을 만드는 과정에서 탄소가 얼마나 배출되었는지 계산한 다음 매기는 세금(관세)이야. 물론 탄소 배출이 많을수록 관세도 높아지겠지. 유럽연합에서는 탄소 배출을 줄이느라 제품 생산비가 올라갔어. 그런데 탄소 규제가 약한 나라의 제품이 들어오면 유럽의 제품이 가격 경쟁에서 밀릴 수 있어. 유럽 입장에서는 공정한 경쟁이 아니지. 미국도 석유화학·철강 등 12개 탄소집약적 제품에 1톤당 55달러의 온실가스 배출 부담금을 부과하는 내용의 '청정경쟁법' 등을 제정하겠다고 나섰어.

탄소국경세는 철강, 시멘트, 알루미늄, 비료, 전기 5개 품목을 과세 대상으로 적용하고 점차 늘려 갈 계획이야. 모두 탄소 배출량이 큰 제품들이지. 탄소 배출을 줄이지 않는 국가나 회사는 수출이 어려워지게 돼. 탄소국경세를 내면 물건 값이 올라가서 물건이 잘 팔리지 않을 수 있기 때문이야. 세계 5위권 철강 수출 강국인 우리나라도 대비해야 하는 문제지.

탄소세와 탄소국경세를 통해 우리는 어떤 변화를 예측할 수 있을까? 환경보다 경제 살리기가 우선이라고 주장하는 사람이 있어. 경제 성장이 급하니까 기후 변화 문제는 나중에 여유 있을 때 챙기자고 하지. 하지만 이건 국제 경제와 무역 시스템이 어떻게 바뀌는지 몰라서 나온 생각이야. 이제 환경은 환경 운동가만의 일이 아니라 기업의 무역 이익에 관한 일이 되고 있어. 온실가스 감축 같은 환경 문제를 나 몰라라 하면 기업의 경쟁력도 떨어지고 국제 무역에서 소외될 수 있어.

기후위기를 믿찌 않는 사람들

기후 변화를 믿지 않는 유형에는 여러 종류가 존재한다. 어떤 이들은 온난화가 일어난다는 사실 자체를 부정하며 어떤 이들은 온난화의 발생 자체는 인정하지만 이는 자연적인 요인 때문이라고 주장한다. 또 어떤 이들은 기후 변화가 가져올 영향에는 부정적인 면이 거의 없다고 주장한다.

: 하늘을 올려다보지 마세요(Don't look up)

"혜성이 궤도를 바꿔 지구로 향하고 있어요." 어느 날 미국의 천문학자들은 이름 모를 혜성 하나가 지구를 향해 돌진하고 있다는 사실을 알아냈어. 이 혜성의 크기는 무려 에베레스트산에 버금갔지. 지구에 충돌한다면 결과는 뻔했어. 지구의 멸망이었지.

다급해진 천문학자들은 이 사실을 언론에 알리고 미국 대통령과도 면담했어. 혜성 충돌까지 남은 시간은 겨우 6개월. 이런 상황인데도 사람들은 느긋했어. 언론은 시청률, 정치인은 선거 지지율에만 신경 쓸 뿐이었어. 그나마 해결책을 마련할 것으로 기대했던 우주 기업은 혜성의 희귀 금속으로 돈을 긁어모을 생각에만 빠져 있었어. 지구 최후의 날이 째깍째깍 다가오면서 과학자들은 지구로 접근하는 하늘의 혜성을 '올려다보라'(Look up)고 외쳤어. 하지만 혜성의 존재 자체를 부정하는 세력들은 '올려다보지 마'(Don't look up)라고 받아쳤지. 영화 〈돈 룩 업〉의 줄거리야.

뉴스와 매체들은 온통 기후 위기에 대해 말하고 있지만 정반대 이야기를 하는 사람들도 있어. 기후 변화가 지어낸 이야기이고 과학적 사실이 아니라고 주장하는 거야. 또 어떤 사람은 기후 변화가 벌어지고 있는 건 사실이지만 화석 연료 사용이 그 원인은 아니라고 말하지.

"기후 변화는 사기다." 미국 전 대통령 트럼프의 이야기야. 이런 주장의 근거는 뭘까? 기후 변화는 인간의 활동이 아니라 자연의 변화 때문이라는 거야. 지구의 공전궤도, 지구 자전축의 기울기, 태양 활동의 변화, 더 나아가 은하계의 변화까지도 기후 변화를 일으킬 수 있다고 주장하지.

또 지구의 기후는 자연적으로, 주기적으로 바뀐다는 주장도 해. 예를 들어 빙하기와 온난기가 교차하면서 기후가 바뀐 일은 33만 년, 24만 년, 13만 년, 1만 년 전에도 있었지. 그런 변화는 몇만 년 주기로 찾아왔어. 그런데 지금의 기후 변화는 어떻게 고작 150년 만에 생겨났을까? 그에 대한 뾰족한 답은 없어.

이것을 의사가 중병에 걸린 사람을 진단하는 상황에 비유해 보자. 의사는 약을 처방해 주면서 환자에게 술, 담배를 끊고 과로도 하지 말라고 조언하지. 그렇지 않으면 1년 안에 죽는다고. 그러면 덜컥 겁이 나 의사의 말을 따르는 게 정상이야. 그런데 이 말을 안 듣는 환자는 혼자만의 망상에 빠지지. '의사가 지어낸 이야기야. 복통, 심장 쇼크, 호흡 곤란, 실신 같은 증상은 술, 담배, 스트레스 때문이 아니야. 그저 몸에 자연적으로 일어난 현상이야.'

기후 변화가 지어낸 말이고 음모라고 주장하는 건 왜일까? 실제로 그 말을 그대로 믿는 사람도 있고, 기후 변화가 자기 이익에 반한다고 생각하기 때문에 그렇게 주장하기도 해. 트럼프 대통령은 기후 변화에 대응하느라 온실가스 배출을 규제하면 경제 개발에 방해가 된다고 생각했어. 온실가스를 많이 배출하는 석유 산업 의 편을 드는 주장이었지. 미국의 큰 회사들은 정치인들에게 로비를 해서 기업 이익에 맞게 나라의 법과 정책을 바꾸는 데 영향을 끼치기도 해.

또 회사에 유리한 내용을 열심히 홍보하거나 사실을 숨기기도 해. 담배회사인 필립모리스는 홍보업체를 써서 간접 흡연과 암의 관계를 반박했어. 마찬가지로 정유 회사 엑손모빌은 지구 온난화 연구를 통해 온실가스 문제의 진실을 알면서도 그 결과를 제대로 알리지 않았지.

IPCC가 지구 온난화의 원인이 '인간 활동'이라는 강력한 증

환경 운동가 그레타 툰베리는 2020년 다보스 포럼에서 도널드 트럼프 대통령과 설전을 벌인 것으로 유명해. 트럼프 대통령은 나무 1조 그루를 심어 배출된 탄소를 재흡수하자고 주장했는데, 툰베리는 이 해결책이 충분하지 않다고 반박했어. 트럼프 대통령은 미국 말고 오염이 심한 다른 나라나 살펴보라고 비판했어.

툰베리는 트럼프 대통령과 기후 변화 이야기를 하는 건 시간 낭비라고 맞받아쳤지.

거가 있다고 강조하기 시작한 것은 2000년 무렵부터야. 그리고 2007년의 보고서에서는 지난 50년간 기후 변화가 자연 현상이 아닌 외부 영향, 즉 인간 활동 때문이라고 밝혔지. 많은 과학자들이 현재 기후 변화 원인 중 80~90%가 인류의 산업 활동 때문인 것으로 보고 있어.

과학자들은 단순한 이론이나 미래의 가정에 대해 얘기하고 있는 게 아니야. 기후 변화의 결과로 우리 눈앞에 나타난 허리케인, 홍수, 산불, 이상 기후, 녹아 사라지는 빙하에 대해 말하지. 과학자들의 말을 믿지 못하겠으면 하늘의 증거들을 '올려다

보면'(Look up) 되는 거야. 눈에 보이는 모든 실체, 우리의 감각으로 느끼는 증거들은 너무나 명확하지. 하지만 자연이 이렇게 계속해서 경고를 보내고 있는데도 어떤 사람들은 '올려다보지 마'(Don't look up)라고 말하고 있어. 지구 문명이 붕괴되고 생물 대멸종으로 다 죽게 생겼다고 과학자들이 아무리 경고해도 이들은 귀를 막고 사실을 부정하고 있지.

국제기구와
국제협약

기후 변화에 관한 유엔기본협약(UNFCCC)은 온실 기체에 의해 벌어지는 지구 온난화를 줄이기 위한 국제 협약이다. 1992년 5월 브라질 리우데자네이루에서 열린 INC회의에서 기후변화협약을 채택하였다.

: 자연을 위해 힘을 합치는 국가들

대기의 환경 오염은 이웃 나라로 금방 번져. 후쿠시마 앞바다에 버린 방사능 오염수도 해류를 따라 돌고 돌아 아시아와 남태평양의 여러 나라에 도달할까 봐 걱정이지. 이처럼 환경 문제는 국경을 뛰어넘어. 그러니 그 해결 역시 국제 사회가 함께 뜻을 모으고 힘을 합쳐야 좋은 결과를 낼 수 있어. 여기서는 환경 보호 조직과 협약에 대해 알아보자.

세계 3대 환경단체로 그린피스(Greenpeace), 세계자연기금 (WWF) 그리고 지구의 벗(Friends of the Earth)이 있어. 그린피스는 언론에 자주 등장하는 환경보호 단체야. 고무보트를 타고 다니며 고래잡이를 막거나 해양 석유 시추를 막으려는 용감무쌍한 모습은 꽤나 인상 깊지. 지구의 벗은 지구 온난화를 막고 생물다양성과 삼림을 보존하는 분야에서 활약하고 있어. 세계자연기금은 세계 최대 민간 자연보호 단체야. 단체 로고인 판다를 보면 알 수 있듯이 주로 멸종 위기에 처한 생물종을 보호하는 활동을 하고 있어.

유엔 기구로는 유엔환경계획(UNEP)이 있어. 여러 나라와 환경 단체의 환경 보전 활동을 도와주는 기관이야. 여러 국제 환경 협약을 개최하기도 하지.

전 세계적으로 환경협약은 500개도 넘어. 그중에 가장 중요한 유엔 3대 환경협약은 생물다양성협약(CBD, 1993년), 유엔기후변화협약(UNFCC, 1994년), 사막화방지협약(UNCCD, 1996년)이야. 생물다양성 손실, 기후 위기, 사막화라는 지구 환경 위기의 3가지 숙제를 각각 담당한다고 볼 수 있지.

생물다양성협약(CBD)의 목표는 생물다양성 손실을 막고 회복하는 거야. 멸종 위기종을 관리하고 생물을 지속가능하게 이용하도록 하고, 생물 서식지 손실을 막고 보호 지역을 확대하기 위해 노력하지.

기후 변화에 관한 정부간 협의체(IPCC)는 기후 변화 문제를 평가하고 대책을 마련하기 위해 1988년 유엔이 설립한 기구야. 전 세계 과학자들이 기후 변화에 관한 과학적 사실을 여기서 발표하지. 그래서 기후 변화에 관한 뉴스를 보면 IPCC가 발표한 데이터가 자주 나와.

유엔기후변화협약(UNFCCC)은 1992년 시작된 정치적인 협약이야. UNFCCC는 매년 유엔 198개국 대표가 모여 당사국 회의(COP)를 열어. 2022년에는 이집트에서 회의가 열렸어. UNFCCC에서 이루어진 중요한 2가지 합의가 있어. 먼저 교토 의정서(1997년)는 선진국들이 온실가스 배출량을 줄이기로 한 합의야. 다음으로 파리협정(2015년)은 선진국뿐만 아니라 모든 국가가 온실가스 감축에 나서서 지구 온도를 1.5~2℃ 아래로 제한하기로 한 역사적 합의야. 앞에서 본 RE100, 탄소 중립 같은 노력의 밑바탕에 파리협정이 있지.

하지만 이러한 국제협약에는 한계가 있어. 강제성이 없거든. '자발적인 감축 목표'를 정하고 안 지켜도 불이익을 받는 게 별로 없어. 지금부터 하루에 여섯 시간씩 공부해서 우등생이 되겠다고 결심했지만 나 자신과의 약속일 뿐이지, 강제 의무 사항이 아닌 것과 같은 거지.

외교에서 두 국가가 어떤 문제를 놓고 합의하는 건 어려운 일이야. 각 나라의 사정과 이해관계가 다르기 때문이야. 그런데 환경은 전 세계적인 문제이다 보니 다자협약(세 나라 이상 끼리의 협약)이 많아. 100개가 넘는 국가들이 뜻을 모아 하나의 원칙과 목표를 정하는 일은 상상조차 하기 어려운 일이야. 또 선진국과 개발도상국 사이에도 갈등과 대립이 있어.

그런 와중에 국제협약의 성공 사례가 있어. 1974년 과학자들은 대기권의 오존이 파괴되고 있다는 걸 알아냈어. 원인은 냉장고, 에어컨 냉매, 스프레이에 쓰이는 프레온가스(CFC)였어. 태양의 해로운 자외선을 막아 주는 오존이 파괴된다면 사람들의 건강, 농업 생산량, 기후에 줄줄이 나쁜 영향을 미치지. 오존층 보호를 위해 비엔나협약(1985년)과 몬트리올의정서(1987년)를 체결했어. 국제사회는 오존층을 파괴하는 프레온가스를 몰아내기로 합의했어. 그리고 세계 곳곳에서 프레온가스 사용이 금지되었어. 협약이 체결되고 30년이 훨씬 지난 지금 어떻게 되었을까?

오존층에 구멍을 내는 물질이 눈에 띄게 줄었어. 과학자들은 2040년까지 오존층이 대부분 회복될 것으로 보고 있어. 비엔나협약은 가장 성공적인 국제 환경 협약의 사례가 되었지. 자

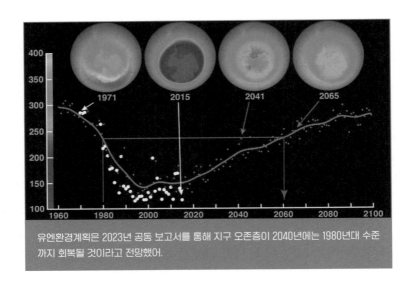

유엔환경계획은 2023년 공동 보고서를 통해 지구 오존층이 2040년에는 1980년대 수준까지 회복될 것이라고 전망했어.

연은 스스로를 치료하고 회복하는 능력이 있어. 자연을 파괴하는 활동을 멈추고 자연의 회복을 도와준다면 원래의 모습을 되찾게 돼. 기후 위기에 대한 절망적인 뉴스가 날마다 나오고 있어. 하지만 전 세계가 똘똘 뭉친다면 기후 변화에 대해서도 같은 결과를 얻을 수 있지 않을까?

우 리 의 실 껀

환	경	-	채	무	스	와	프
			기	후	활	동	가
			공	유	경	제	울
			쩍	껑	기	울	
미	래	세	대	의	외	침	
각	까	가	해	야	할	일	
소	비	와	까	본	꾸	의	
	탄	소	게	로	도	시	
	생	태	중	심	꾸	의	

환	경	–		
채	무	ㅅ	와	프

환경-채무 스와프는 지원국들이 이자나 상환금을 돌려받는 것을 일부 포기하면 이 돈을 온실가스 배출량을 줄이거나, 기후 변화 충격을 입은 국가들의 회복력을 높이는 데 쓰는 것을 말한다.

: 빚 갚는 대신 환경 보호에 투자하세요

스와프(swap)는 경제 분야에서 가끔 쓰는 말인데 '맞바꾸다'라는 의미야. 환경-채무 스와프(Debt for Nature Swaps)는 어떤 뜻일까? 단어들을 그대로 풀면 환경과 빚을 맞바꾼다는 뜻이지. 환경-채무 스와프란 선진국이 개발도상국에 빌려준 빚을 완전히 탕감하거나 깎아 주는 대신 그 빚에 해당하는 금액을 자연보호에 쓰게 하는 제도야.

세계적으로 환경 보호는 주로 선진국이 주도하고 있어. 하지만 환경 보호는 지구 전체의 일이기 때문에 모든 나라를 동참시켜야 해. 가난한 나라 입장에서 환경 보호는 최우선 순위가 아닌 경우가 많아. 당장 경제가 어렵고 먹고 살 걱정이 앞서는 나라들로선 열대우림을 지키자, 생물다양성을 보호하자 이런 말이 귀에 안 들어오는 거지. 이런 상황에서 선진국에 갚아야 할 빚도 있다면 빚 갚을 돈도 없는데 환경에 쓸 돈이 어딨냐고 말하고 싶겠지.

그래서 환경 보호와 빚을 맞바꾸자는 아이디어가 나왔어. 국제 환경 기준도 맞추고 빚 갚을 돈으로 환경 보호를 하는 데 쓰게 하는 거야. 미국은 코스타리카와 환경-채무 스와프 협정을 맺었어. 미국은 코스타리카의 부채를 줄여 주었어. 미국이 줄여 준 빚을 가지고 코스타리카는 해양보호구역과 육지국립 공원을 늘리고 생물다양성을 보전하는 사업에 쓰는 거야. 이 협정은 코스타리카에게 정말 꿀이었어. 빚도 줄고 환경도 살리고 거기에 더해 자연 환경까지 살아난 덕분에 관광 수입도 늘어났다고 해.

브라질도 미국에 빚이 있었지. 브라질은 아마존 보유국이잖아. 미국은 브라질의 빚을 면제해 주고 브라질은 그 돈을 아마존 밀림을 보전하는 데 쓰기로 합의했어. '지구의 허파'라는 별명을 지닌 아마존은 생물다양성과 탄소 흡수에 너무도 중요한 곳이지. 아마존을 지키는 것은 브라질만이 아니라 전 세계적으로 중요한 과제야.

기후-채무 스와프(Debt for Climate Swap)라는 개념도 있어. 원리는 똑같아. 기후 변화에 대응하는 정책과 사업을 하는 조건으로 빚의 일부를 탕감해 주는 것이지. 빚을 갚느라 환경을 파괴하는 사업을 하기보다 환경을 살리는 데 도움을 주는 게 모

브라질 아마존의 모습. 열대우림(짙은 녹색 지역)과 넓게 펼쳐진 경작지(옅은 녹색의 물고기 뼈 같은 패턴) 사이의 대비가 명확하게 보이지. 옅은 녹색은 이전에 열대우림으로 덮여 있던 농업 지역을 나타내. 이미지 상단에 흐르는 갈색 퇴적물이 가득한 물은 아마존 입구의 남쪽 지류인 파라 강이야. 아마존 같은 천혜의 자연 환경을 지키기 위해서는 좋은 아이디어들이 많이 필요해. 대단한 아이디어가 아니더라도 일상에서 실천할 수 있는 아이디어를 지금 떠올려 보자.

두에게 유익하리라는 생각에서 나온 아이디어야.

아프리카, 중남미, 서아시아의 개발도상국에는 열대우림, 희귀 해양 동식물, 멸종 위기종 등 보전할 게 많아. 그리고 이들 나라는 아직 못 갚은 빚도 많아. 환경과 빚을 맞바꾸는 협정은 일석삼조라고 할 수 있어. 가난한 국가들은 빚을 탕감 받고 환경 보전에 참여할 수 있고, 선진국은 개발도상국을 효과적으로 지원할 수 있고, 결국 모두가 힘을 합쳐 국제적인 환경 보전을 이룰 수 있기 때문이야.

이 제도를 통한 빚의 탕감효과가 별로 크지 않다는 비판도 있어. 개발도상국에 도움이 되는 더 효과적인 방법을 앞으로 찾아야 하겠지. 중요한 사실은, 지구를 살리는 일에는 전 세계가 뛰어들어야 한다는 거야. 특히 자본과 기술 수준이 높은 선진국들이 개발도상국의 환경 보전을 이끌고 도와야 해. 나만 잘해서는 지구의 환경 위기를 해결할 수 없어. 지구 전체를 살 만한 곳으로 만들려면 모두 함께 손을 잡고 나아가야 해.

기 후 활 동 가

이다연 활동가(22)는 2023년 BBC '올해의 여성 100인'에 선정된 유일한 한국인이다. '죽은 지구에 케이팝은 없다'라는 슬로건으로 활동하는 케이팝포플래닛(KPOP4PLANET)은 2021년 이다연 활동가가 케이팝 팬들과 만든 기후 행동 단체다. 최근에는 플라스틱 앨범 중복 구매에 경종을 울리는 캠페인을 진행하고 있다.

: 고흐의 명작보다 소중한 지구

반 고흐의 작품 〈해바라기〉에 토마토 수프가 끼얹어졌어. 모네의 작품에는 으깬 감자가 잔뜩 묻었고. 피카소와 클림트의 작품도 공격을 당했지. 영국 환경 단체 저스트 스톱 오일(Just Stop Oil)이 벌인 일이야. 사람들은 경악했지. 저 귀한 그림에 어떻게 저런 짓을!

"예술을 사랑합니다. 하지만 자연을 더 사랑합니다." 그 일을 벌인 단체의 기후 활동가들은 이렇게 말했어. 저스트 스톱 오일은 그 이름대로 화석 연료 사용 중단, 석유가스 수출 중단 등을 주장하는 환경 단체야. 기후 위기 상황이 너무나 심각하기 때문에 과격한 행동으로 세계인들의 시선을 집중시키려고 한 거지.

정치인들은 기후 위기를 막자는 뜻은 지지하지만 예술 작품과 문화재를 망치는 것은 반대한다고 말했어. 하지만 기후 활동가들로서는 피켓 들고 얌전히 행진하는 것으로는 충분하지 않아. 기후 변화의 결과가 인류를 덮치고 매년 수많은 사람과 동물들이 홍수, 가뭄, 산불로 죽어 가고 있어. 드라마 〈오징어 게임〉의 유명한 대사처럼 "이러다 다 죽어!" 이렇게 절박하게 외치고 싶은 거지. 명작을 훼손하려는 시도는 황당한 일이지만 그렇게라도 해서 세계인들의 시선을 환경 문제에 돌리려고 한 거야.

세상에는 해결해야 될 문제가 너무 많아. 전쟁, 에너지 위기, 기후 변화와 환경, 경제 불황, 불평등, 가난과 기아 문제. 어느 것 하나 중요하지 않은 문제가 없지만 우선순위라는 건 분명

런던 내셔널 갤러리에 있는 반 고흐의 〈해바라기〉에 토마토 수프를 뿌린 저스트 스톱 오일의 회원들.

'No New Oil'이라고 자신들의 구호를 쓰기도 해. 예술 작품을 훼손하는 것은 범죄이지만 그것을 무릅쓰고서라도 이런 일을 하는 데는 환경을 지키고자 하는 의도가 있어. 너는 어떻게 생각해?

No New Oil

있어. 기후 변화는 우선순위에서 세 손가락 안에 꼽을 만한 문제지만 뒤로 밀릴 때가 많아. 환경이 망가지면 정치와 경제, 사회의 다른 문제들이 줄줄이 무너질지 모르는데도 말이야.

"명작이 소중하다고요? 물론 소중하지요. 그러면 지구는? 이 그림이 그렇게 소중하다면 우리 지구 환경은요?" 기후 활동가들은 이렇게 묻고 있는 거야. 지구가 있고 나서 문명도, 예술도, 우리의 삶도 있는 거니까.

"그림을 보호하는 것과 지구와 인류를 보호하는 것 중에 어느 게 더 중요한가요?"라고 묻는다면 우리의 대답은 분명해. 지구를 선택해야지. 피카소, 모네, 렘브란트의 작품 모두 소중한 인류의 문화유산이지만 지구 그 자체보다 중요하진 않지. 절박한 행동이 기후 활동가들만의 것이 되어서는 안 돼. 환경 위기에 대해 모든 인류가 하나된 목소리를 내고 행동을 단결해야하지. 물론 이런 행동들을 모두 정당하다고 할 수는 없어. 기후 활동가들을 '환경 테러리스트'라고 부르는 이들과 '미래를 위한 불가피한 선택'이라고 주장하는 이들 사이의 간격은 쉽게 좁히기 어려워 보이기도 해. 기후 활동가들의 다양한 행보에 대해 친구들이나 가족과 함께 토론을 벌여 보는 것도 좋을 것 같아.

한 제품을 여럿이 공유해 쓰는 협업 소비를 기본으로 한 경제를 의미한다. 쉽게 말해 '나눠쓰기'란 뜻으로 자동차, 빈방, 책 등 활용도가 떨어지는 물건이나 부동산을 다른 사람들과 함께 공유함으로써 자원 활용을 극대화하는 경제 활동이다.

: 무엇이든 빌려 드립니다

1980년대에 「보물섬」이라는 월간 만화 잡지가 있었어. TV 애니메이션인 〈아기공룡 둘리〉나 〈달려라 하니〉도 원래는 이 잡지에 연재되었던 인기 만화였지. 이 만화 잡지는 사전처럼 두껍고 가격도 비쌌어. 가난한 아이들은 사 볼 수 없는 책이었지. 그래서 자연스럽게 이집 저집 돌려 보는 책이 되었어. 동네 아이들은 이 잡지가 너덜너덜해져 갈라질 때까지 열심히 읽고, 만화 캐릭터를 따라 그리기도 했어.

물건을 소유하지 않고 다른 사람과 공유하며 쓰는 것을 공유 경제라고 불러. 공유 경제에 여러 가지 모습이 있지만 우리에게 익숙한 것은 물건이나 자원을 다른 사람과 나눠 쓰는 일이지. 만화책의 예를 들었듯이 동네 도서관에서 책을 빌려 보았다면 우리는 이미 공유 경제를 경험한 거야. 어떤 장서가나 학자들은 자기 서재에 책을 몇만 권씩 쌓아 두기도 해. 하지만 읽고 싶은 책은 많은데 모두 사 볼 수 없는 사람들은 도서관을 이용하지.

어떤 집에 값비싼 전기 드릴이 있어. 1년에 한두 번 쓸까 말까 하고 선반에 장식품처럼 놓여 있지. 다른 집도 비슷한 상황이야. 그렇다면 수십만 가구가 모두 전기 드릴을 소유할 필요가 있을까? 드릴 제작 회사에서는 전혀 동의하지 않겠지만, 자원 낭비일지 몰라. 전기 드릴 하나를 필요할 때마다 나누어 쓰는 게 나을 수도 있지.

한적한 강가에 설치된 아주 작은 도서관. 공유 경제의 형태는 정말 다양해.

1년에 몇 번 쓰지 않는 물건들을 너도나도 집에 들여놓기보다 필요할 때만 빌려 쓴다면 많은 이점이 있어. 물건을 구입할 돈도 아끼고, 집에 그 물건을 보관할 공간도 필요 없고, 싫증나거나 못쓰게 되었을 때 처분할 쓰레기가 생기지도 않지. 자원을 가치 있고 효율적으로 쓰는 방법이야.

특히 요즘에 1인 가구가 많아지면서 이러한 공유 경제의 필요성이 더욱 커지고 있어. 공유할 수 있는 것은 가전제품, 가구, 옷, 자전거 등 다양하지. 큰돈을 들여 장만하는 대신 필요할 때만 빌려 쓰고 다시 반납하면 되는 거야.

중고거래 앱도 하나의 공유 경제야. 구석에서 먼지만 쌓여 가던 현미경, 농구공, 화분이 쓰레기가 되는 대신에 누군가의 손에 들려 사용된다면 값진 일이겠지. 안 쓰는 물건을 나누어 주고 바꾸어 쓰는 아나바다 운동도 마찬가지야. 자원을 들여서 새로운 물건을 만들고 소유해야 한다는 고정관념을 넘어 있는 것을 공유하기만 해도 엄청난 가치가 생겨나는 거야.

공유 경제는 일상생활의 집기나 도구에만 그치지 않아. 지구상에는 자동차가 14억 대 정도 있다고 해. 지구인 5명당 한 대 꼴이지. 그런데 상당히 많은 자동차들이 주차장에 잠들어 있어. 일주일에 한두 번 쓸까 말까 한 집도 많아. 모두가 한 대씩 갖기보다 여러 사람이 필요할 때마다 자동차를 돌려쓴다면 어떨까? 자원 소모를 크게 줄일 수 있고 자동차로 인한 공해나 폐차 쓰레기가 줄어드니 환경에도 큰 도움이 되겠지. 자동차를 전기차, 수소차로 전환하는 것도 중요하지만 차의 숫자 자체를 줄일 수 있다면 무엇보다 효과적일 거야. 거기다 도시의 교통 체증도 눈에 띄게 줄어들어서, 살기 좋은 쾌적한 도시가 되겠지.

자동차를 소유하지 않으면 자동차 할부 비용, 보험료, 세금, 수리비를 아낄 수 있어.

자동차뿐만이 아니야. 세상에 빈 집이 정말 많다는 사실 알아? 도둑들은 빈 집을 보면 털 생각을 하겠지만 영리한 사업가는 에어비앤비라는 숙박 공유 서비스를 생각해 냈어. 호텔 없이 호텔 사업을 하다니 신선한 발상이지. 집주인도 집을 비워 놓는 대신 소득을 얻을 수 있어 좋고.

옷장을 공유하는 서비스가 있다는 사실 알고 있어? 청년들이 면접 때 입을 정장을 공유하는 '열린옷장'이라는 플랫폼을 소개할게. 홈페이지에 있는 소개글이 인상적이야.

theopencloset.net

열린옷장은 옷장 속에 잠들어 있는 정장을 기증받아 공유하여, 정장이 필요한 사람들의 고민을 해결하는 비영리단체입니다. 옷과 함께 옷에 담긴 이야기까지 공유하여 옷의 가치를 더하는 혁신적인 방법으로 기증 공유 활동을 수행함으로써, 공유 문화가 확산되도록 하고자 합니다. 사회 선배들의 경험과 응원이 담긴 열린옷장의 공유 정장은 특히 면접을 앞두고 정장 때문에 고민하는 청년들에게 면접복장 부담을 해결하는 실질적인 응원이 되고 있습니다. 앞으로도 열린옷장은 전문적인 의류 재사용 및 공유 활동으로 공유옷장의 새로운 기준을 만들고, 지속가능한 환경과 미래를 열어 가겠습니다.

세계 자본주의를 떠받치는 것은 대량생산과 대량소비야. 필요보다 넘치게 물건을 생산하고, 소비자들은 소비에 중독되었다고 말할 정도로 쓰지도 않을 물건을 잔뜩 사들이는 데 익숙해졌어. 그 과정에서 엄청난 자원이 낭비되고 쓰레기가 생기고 환경 오염이 일어나. 요즘 해외 직구가 흔해지고 누구나 클릭 한 번이면 다른 나라의 물건을 값싸게 살 수 있어. 심지어 해외 무료 배송이라는 대단히 매력적인 혜택까지 제공하지. 해외까지 가지 않더라도 국내에도 수많은 업체들이 새벽 배송, 무료 배송을 내걸고 편리한 쇼핑을 부추기고 있어. 너무나 편리한 세상이지만 우리가 앞서 살펴봤던 것처럼 무언가가 운송될 때는 반드시 탄소가 배출되고 그만큼 환경이 훼손돼. 조금 번거롭더라도 오프라인 매장에서 꼭 필요한 물건만 사는 습관이 필요해.

소유에 대한 우리의 생각이 바뀌어야 할 때야. 어떤 대상이나 물건을 많이 소유하고 있지만 제대로 누리지는 못하는 사람이 있어. 때로는 그 물건이 좋아서가 아니라 그 물건을 '소유하고 있다는 느낌'이 좋아서 물건을 사기도 하지. 반면에 내 손에 넣고 소유하지 않더라도 충분히 누릴 수 있는 사람도 있어. 환경 위기의 시대에 제안하고 싶은 생각이 있어. 무분별한 소비 대신에 빌려 쓰자. '소유자'가 아니라 '사용자'가 되자.

| 적 | 정 | 기 | 술 |

적정기술이란 그 기술이 사용되는 사회 공동체의 정치적, 문화적, 환경적 조건을 고려해 해당 지역에서 지속적인 생산과 소비가 가능하도록 만들어진 기술로, 인간의 삶의 질을 궁극적으로 향상시킬 수 있는 기술을 말한다.

: 90%를 위한 기술

지금부터는 기술에 대한 이야기를 한번 해 보자. 어떤 기술이 좋은 기술일까? 많은 사람들은 첨단, 최신 기술을 원하지. 스마트폰만 해도 매년 새로운 버전이 나와. 오늘의 기술은 어제와 다르고 내일은 또다시 진보하겠지. 하지만 최첨단 기술이 언제나 정답인 것은 아니야.

세계 인구의 대다수는 여전히 과학 기술의 혜택을 온전히 누리지 못하고 있어. 선진국은 그런 나라에 꼭 필요해 보이는 태양광 설비, 의료장비, 통신장치를 설치해 주지. 그런데 곧 문제가 드러나. 장비를 운영할 비용이 없는 거야. 그런 장비는 에너지 소비도 크지. 하다못해 기름 값이 없어 사용을 못 하는 경우도 있어. 무엇보다 고장이 났을 때가 문제야. 수리하고 부품을 교체할 전문 기술자가 없어. 그러니 한 번 고장이 나면 그걸로 끝이야.

영국의 경제학자 에른스트 슈마허는 가난한 나라에서 쉽

고 편하게 쓸 수 있는 기술의 필요성을 느꼈어. 그리고 '중간기술'(intermediate technology)이란 개념을 만들었어. 여기서 중간이란 산업 선진국의 진보된 기술과 개발도상국의 투박하고 토속적인 기술 사이를 의미해. 중간기술은 나중에 적정기술이란 말로 바뀌었지. 그 나라, 그 사람들, 그들이 처한 환경과 문화에 딱 '적정한' 기술이란 의미야.

적정기술은 대단한 기술이 아니야. 현지 사람들이 구하기 쉽고 싼 재료를 이용해 만들지. 누구나 특별한 훈련 없이도 쉽게 배워서 쓸 수 있고 수리도 간단해. 또 환경을 파괴하지 않는 기술이야. 태양과 바람 같은 재생 에너지만 쓰지. 가난한 사람들의 삶의 질을 높여 주는 기술이야.

어떤 것이 적정기술인지 다음의 예를 비교해 보자. 아프리카 지역에는 하수도 시설이 없어 분뇨가 지하수, 강, 호수를 오염시켜 전염병이 자주 발생해. 오염된 물 때문에 매년 수백만 명이 목숨을 잃고 있어. 빌 게이츠는 물이 필요 없는 변기를 개발하려고 공모전을 열었어. 그렇게 해서 발명된 것이 배설물을 5분 안에 깨끗한 물, 전기, 비료로 만드는 기계야. 하지만 그림의 떡이었어. 엄청 값비싼 기계였거든. 식수 오염을 해결한다는 문제의식은 훌륭했지만 결과물은 현지에 맞지 않았어.

원통형 정수기인 워터콘(water cone)은 태양열 증발 정수기야. 아무 물이나 담아 넣고 하루 정도 지나면 증발의 원리에 의해 6~7잔의 깨끗한 물이 생겨. 가격도 싸고 고장도 없고 아무데서나 쓸 수 있지. 이런 것이 바로 적정기술이야.

적정기술로 만든 도구들은 언뜻 보기에 간단해. 하지만 위에서 본 것처럼 충족해야 할 조건이 많아. 몇몇 성공 사례들을 살펴보자.

우선 자전거 페달로 전등을 켜는 페달 발전기가 있어. 운동하듯 페달을 밟으면 TV도 보고 토스트도 구울 수 있지. 전기 공급이 안 되는 깊은 숲속에 사는 사람들이 장작 말고 오븐을 써서 요리를 할 수는 없을까? 그래서 만든 게 태양열 오븐이야. 햇볕을 모아 만든 열로 음식을 조리할 수 있어. 전기 없이 냉장고를 쓸 수 있을까? 항아리 냉장고는 항아리 안에 작은 항아리를 넣고 둘 사이에 젖은 모래를 넣어 채소나 과일을 신선하게 보관하는 장치야. 2001년 〈타임〉지 선정 올해의 발명품이었지.

Q드럼도 적정기술의 대표적인 성공작의 하나야. Q드럼 또는 히포 롤러(Hippo Roller)는 끈을 달아서 데굴데굴 굴릴 수 있는 도넛 모양 플라스틱 물통이야. 한 번에 90ℓ 정도의 물을 쉽게 운반할 수 있어. 몇십 킬로미터 떨어진 곳에서 물동이를 머리에 이고 식수를 날라야 하는 사람들의 고생을 덜어 주었지. 페달 펌프는 지하수를 끌어올리는 싸고 간단한 장치야. 그 덕분

에 건기에도 밭농사를 지을 수 있게 되었지. 방글라데시, 인도, 수단에 수백만 개가 보급되었고 덕분에 농부들의 소득이 올라갔어.

적정기술은 싸고 환경 오염도 전혀 없고 현지인들 스스로 만들어 쓸 수 있다는 장점까지 두루 갖추었어. 간단하면서도 삶의 질을 개선하는 데 큰 도움이 되는 매력적인 기술이지. 현대적인 과학기술이 잘사는 나라에 사는 세계 인구 10%를 위한 것이라면 적정기술은 나머지 가난한 90%를 위한 기술이라고 말하는 이유야.

히포 롤러(Hippo Roller)는 물통을 굴려 물을 편하게 옮길 수 있는 장치야. 아프리카 지역에 광범위하게 보급되어 있지. 뚱뚱한 하마처럼 생겼다고 해서 이런 이름이 붙었다고 해.

미 래 세 대 의 외 침

스웨덴의 환경 운동가인 그레타 툰베리는 2019년에 유엔 본부에서 열린 기후 행동 정상회의에서 연설하여 세계적으로 유명해졌고, 〈타임〉 지 올해의 인물에 최연소로 선정되었다.

: 돈 때문에 감히 지구를 망쳐?

셰익스피어는 우리의 인생을 연극 무대에 비유했어. 누구나 자기 인생에선 주인공이지. 그런데 분명한 것은 우리는 모두 100년 안팎을 살다가 지구상에서 사라진다는 거야. 영원할 것처럼 살지만 자기 역할을 끝내면 조용히 퇴장해야 돼. 땅과 금고의 주인은 바뀌어 있겠지만 우리가 지금 보는 산과 바다와 들판은 그대로 남아 있지. 이러한 생각에 이르면 우리는 더 겸허한 마음으로 우리의 지구와 자연을 대하게 돼.

먼 미래의 일이 아니야. 속도가 더 빨라지는 이상 기후를 보면 지금의 어린 세대들은 더 큰 위험을 마주할 수 있어. 지구는 빌려 쓰는 것이라고 했던 말 기억하지? 잠시 빌려 쓰는 집, 지구. 영원히 끼고 살 수 없고 후손들이 곧 이어받아 살아야 해. 좋은 환경을 물려받는 것은 미래 세대의 권리야. 환경을 보전하는 데 실패한다면 이것은 미래 세대의 권리를 빼앗는 문제가 될 수 있어.

2017년 전 미국 대통령 트럼프는 파리기후변화협정의 탈퇴를 선언했어. 미국의 산업에 불이익을 준다는 이유였어. 그러고는 환경 관련 정책을 거꾸로 되돌렸어. 세계 최대 산업 국가이자 중국에 이은 온실가스 2위 배출국으로서 아주 무책임한 행동이었지.

그러자 참다못한 어린이들이 나서기 시작했어. 스웨덴의 그레타 툰베리는 어린이와 청소년들의 금요일 등교 거부 시위를 일으켰어. 기후가 이 모양인데 어떻게 학교를 갈 수 있냐는 거야. 이후 환경 운동가로 유명해진 툰베리는 국제회의에 참석해서 기후 변화에 대해 단호한 행동을 요구했어. "녹색경제 어쩌구저쩌구 하며 그럴듯한 말만 할 뿐 행동은 하지 않는다"며 세계 지도자들을 매섭게 비판하기도 했어.

기후 위기 문제는 세대 간 불평등 문제이기도 해. 시간이 갈수록 상황은 점점 악화되고 있어. 하지만 각국 정부의 대응은 미적지근하지. 어린 세대들에게는 자기들의 미래를 볼모로 삼고 경제와 산업 개발에만 몰두하는 어른들이 못마땅해 보이는 거야. 당장의 이익을 위해 미래 세대에게 큰 폭탄을 안겨 주는 것이나 다름없지. 이제 툰베리(2003년생)가 트럼프(1946년생)를 앞에 두고 화난 얼굴로 뾰족하게 말한 게 이해되지?

국가 정상들이 모인 국제회의에서 어린이가 기후 관련 발언을 하다니 기특하기도 해라, 라는 생각이 들기도 하지. 하지만 어린이임에도 '불구하고'가 아니라 어린이이기 '때문에' 이런 발언을 할 수 있어. 정치인들은 환경 문제를 최우선으로 둘 수 없을 때가 많아. 하지만 어린이는 문제를 정면으로 바라볼 수 있지. 어른들이 말하지 못하는 진실을 순수하고 용기 있게 말할 수 있어. 그러면 어른들은 그 말을 들어야 해. 못 알아들으면 귀청이 떨어지게 목소리를 높여야지. 어른들이 움찔할 때까지. 어른들은 세상을 떠나더라도 어린이들은 더 오랜 세월 동안 이 땅에 살아가야 하기 때문이야.

노르웨이에도 어린이 기후 활동가가 있어. 페넬로페 레아는 8살 때부터 기후 문제에 대해 발언했고 11살 때는 오슬로 환경부 기후위원회에서 활동했어. 레아는 정치인들이 하는 일이 충분하지 않으니 어린이들이 연대해서 정치인을 압박해야 한다고 주장했어. 기후 변화는 어린이의 삶에 큰 영향을 미친다며 다음 세대가 잘 살아갈 기회를 주기 위해 싸울 것이라고도 했지.

이처럼 기후 변화에 대해 말할 때는 그냥 어린이가 아니야. 미래 주인의 자격으로 말하는 거지. 이런 식으로 가다간 미세먼지에 갇혀 죽는다, 생물이 대량 멸종된다, 남태평양 섬나라가 가라앉는다, 이런 말들은 과학자뿐 아니라 어린이의 입을 통해서도 나와야 해. 우리나라에도 툰베리나 레아 같은 어린이, 청

청소년들이 나섰어.

"So Bad, Even Introverts Are Here."
"최악이야, 나 같은 내향형 l까지 시위에 나오게 하다니."

소년들이 많이 나왔으면 좋겠어. 그래서 어른들이 말로만 환경에 대해 떠들고 무엇이 중요한지 제대로 분간하지 못할 때, 환경을 희생해서 경제를 살리자는 위험한 생각에 빠졌을 때 정신 차리게 도와줘야 해.

각까가해야할일

에너지 절약, 물 절약, 재사용과 재활용, 이메일 관리 등을 통해 지구를 지키는 작은 실천을 할 수 있다. 육식을 줄이고, 엘리베이터를 덜 타고 인터넷 쇼핑을 줄이는 것도 좋은 방안이다.

: 우리에겐 힘이 있다

예전에는 환경 문제에 대해 목소리를 높이고 걱정하는 게 그린피스 같은 환경 단체나 기후 활동가들만의 일이라는 생각이 팽배했어. 환경을 위해 사는 건 고리타분하고 재미없는 삶처럼 보이기도 했지. 더 삐딱하게 보는 사람들은 환경을 위하는 행동이 소비와 경제 발전을 훼방한다고 생각했어.

환경 문제에 대한 자세를 몇 가지로 나누어 살펴보자. 첫째, 부정. 모든 게 음모다. 둘째, 무시. 알아도 모르는 척. 셋째, 무기력. 환경 문제가 걱정은 되지만 어쩌겠냐고. 정부나 대기업쯤은

되어야 해 볼 수 있는 일이지 내가 할 수 있는 일은 없다고.

　그런데 기후 위기는 이제 코앞까지 다가와 우리를 위협해. 당장 20~30년 후 인류의 삶을 위태롭게 할 문제가 되었지. 이러한 위기감 속에서 기후 위기는 우리 모두의 문제가 되었어. 지구에 해결할 숙제가 100가지쯤 있다면 예전에는 우선순위 바깥에 밀려나 눈에 띄지도 않았지. 하지만 지금은 환경 문제가 최우선 과제 다섯 손가락 안에 든다고 봐야 해. 지금까지 구경꾼이나 방관자였다면 이제 우리 각자가 참여자로 나서야 해.

　1980~90년대 영화나 드라마를 보면 머리를 돌돌 말아 아치형으로 세운 헤어스타일을 자주 볼 수 있어. 당시의 인기 헤어스타일이었지. 머리를 세워서 고정할 때 흔히 헤어스프레이를 썼어. 스프레이는 오존에 구멍을 내는 CFC로 만들지. 오존 구멍 이야기를 듣고 사람들은 스프레이를 쓰지 않기로 결심했어. 나 하나 머리를 안 세운다고 대기권의 오존 구멍에 억만 분의 1이나 도움이 될까? 하지만 중요한 건 사람들의 일치된 마음이야. 환경을 지키려는 행동이 누구나의 상식이 되고 양심이 되면 서서히 변화가 일어나는 거야. 앞에서도 살펴봤듯이 우리의 노력이 오존을 살려 내고 있잖아.

　지금도 마찬가지야. 우리는 뭐라도 해야 돼. 아무것도 안 하면 아무 일도 일어나지 않으니까. 누군가는 플라스틱 빨대나 나무젓가락을 쓰지 않아. 동네 마트에 물건을 사러 갈 때 차를 타는 대신 자전거를 타거나 걸어가기도 하지. 물에 녹지 않아 강과 바다를 오염시키는 물티슈는 되도록 안 쓰려고 하고. 좋은 물건을 사서 오래 쓰는 사람도 많아. 무엇이든 알뜰하게 끝까지 쓰는 것도 중요해. 이면지를 잘 사용하는 사람은 자원 절약에 앞장서는 사람이야. 종이를 만드는 데 쓰이는 나무, 석유, 물을 아낄 수 있으니 1석 3조야. 포카리스웨트 분말이 있다는 거 알고 있니? 손바닥만 한 분말 포카리스웨트 1봉지로, 포카리스웨트 1ℓ를 만들 수 있어. 플라스틱을 줄일 수 있는 방법이지!

전기는 수입품이야. 그것도 아주 비싼 수입품이지. 전기를 생산하는 데 쓰는 에너지원인 석유(화력 발전), 우라늄(원자력 발전)이 수입산이기 때문이야. 그러니 전기를 쓸 때 비싼 석유를 활활 태우는 장면을 상상해 봐. 안 쓰는 방의 불은 끄고, 코드는 빼 놓고, 세탁물은 모았다가 한 번에 돌리는 식으로 전기를 아껴 보자.

EE캠페인이라고 들어 본 사람! Email Erase의 약자인데, 불필요한 이메일을 지워 환경을 보호하자는 친환경 캠페인이야. 한국인터넷진흥원에 의하면 한 사람이 하루에 받는 스팸 메일의 수는 평균 0.31건으로 1년간 약 113통의 메일을 받고 있다고 해. 이메일 하나를 전송하는 데 이산화탄소 4g이 발생하고 첨부 파일이 들어 있다면 탄소 배출량은 수십 배로 늘어나게 돼. 이메일은 네트워크에 연결하고 인터넷으로 이동하며 서버에 전달하고 저장하는 등 여러 과정에서 전기 에너지를 사용하거든. 이러한 과정 속에서 사용하게 되는 에너지는 종이 편지를 배달하는 에너지의 약 1.7%에 불과하지만 이메일을 사용하는 인구의 수가 약 30억 명이라는 점을 생각해 보면 얼마나 심각한 문제로 이어질지 상상도 안 가. 또한 지우지 않은 이메일은 데이터 공간을 차지하게 되는데 데이터를 보관하기 위해 대규모 데이터 센터를 건설하고 전기를 사용해 가동하게 돼. 이런 데이터 센터를 매일 가동하기 위해 연간 1조 9,370억kw의 전기가 사용되고, 이는 우리나라 1년 전기 사용량의 4배에 맞먹는 양이야. 지금 당장 이메일 삭제하러 고고!

아이스 팩에도 관심을 기울이면 좋겠어. 아이스 팩은 그냥 뜯어서 버리면 토양을 오염시킬 수 있어. 최근 여러 지자체나 아파트 단지에 아이스 팩 수거함을 설치해 놓고 있고, 종량제 봉투나 두루마리 화장지로 교환해 주는 경우도 있으니까 배출 장소를 확인해 봐. 아이스 팩은 재사용이 가능해서 배출만 잘 하면 아주 유용해.

가끔은 무엇이 환경에 좋은 행동인지 헷갈릴 때도 있어. 환경을 위해 종이컵 대신 텀블러를 쓴다면서 예쁜 텀블러들을 수

집한다고? 차라리 종이컵을 쓰는 게 나을 거야. 텀블러 수집이 환경에 더 안 좋을 수도 있어. 텀블러를 만드는 데도 탄소가 엄청나게 배출되잖아. 환경을 위해 페트병에서 뽑은 실로 만든 옷을 사 입는다고? 친환경 옷으로 옷장을 꽉꽉 채우니 뿌듯하다고? 그냥 질이 괜찮은 옷을 사서 구멍 날 때까지 입는 게 환경을 위하는 일이야. 환경을 위한 행동엔 올바른 기준과 상식이 필요해. 텀블러나 에코백을 사용하는 게 힙해 보여서 그 일을 유행처럼 따라 하고 있지는 않은지 자신을 돌아볼 필요가 있어.

이처럼 기후 위기를 바꿀 수 있는 여러 가지 작은 실천들이 있어. 이 모든 실천들이 누구나의 상식이 되면 그때부터 큰 변화가 시작돼. 물방울이 모여 웅덩이와 계곡을 가득 채우고 둑을 무너뜨리듯이 말이야. 몇십만, 몇백만 명의 생각이 서서히 바뀐다면, 법과 제도도 바뀌고 물건을 만들고 사고파는 방식도 달라지게 돼.

물론 환경 문제는 개인의 습관으로만 해결할 수 있는 일은 아니야. 국가와 기업이 움직여야 하지. 하지만 결국 국가와 기업을 움직이는 건 한 사람 한 사람이야. 우선 민주사회에서 주권자의 역할 중 하나는 국민의 뜻을 대변하는 정치인들을 뽑는 거야. 우리의 뜻이 환경을 최우선으로 지키는 것이면 그 뜻을 실행할 사람을 뽑아야 해. 환경을 위해 올바른 생각을 하고 그에 맞는 정책을 펼칠 수 있는 능력은 21세기 지도자의 중요한 요건 중 하나야. 환경 지식으로 무장하고 의지로 뭉친 똑똑한 소비자가 되어 보자. 우유팩에 붙은 빨대를 퇴출시킨 소비자들이 있어. 소비자가 환경을 위해 주장하면 기업들은 듣게 될거야. 기업들은 환경 운동가들의 말은 잘 안 듣지만 소비자들의 말은 들을 수밖에 없어. 환경을 생각하는 척 그린워싱을 하는 게 아니라 진짜 환경을 생각하는 기업의 상품을 선택해야겠지. 기업들이 환경을 챙기지 않으면 살아남을 수 없다는 위기감을 느낄 수 있도록 말이야.

소 비 와 자 본 주 의

자본주의는 개인이나 기업이 이윤을 목적으로 재산과 생산 수단을 소유하고 운영하는 경제 시스템이다. 시장에서의 자유로운 경쟁과 가격 형성이 주요 특징이며, 정부의 개입은 최소화된다.

: 예쁜 쓰레기 수집은 이제 그만

"길고 커다란 마루 위 시계는 우리 할아버지 시계. 90년 전에 할아버지 태어나던 날 아침에 받은 시계란다. 90년 동안 쉬지 않고 똑딱똑딱." 동요 〈할아버지의 낡은 시계〉의 가사야. 옛날에는 실제로 대대손손 내려오며 오래 쓰는 물건이 많았어. 할머니가 전해 준 그릇들, 아버지가 물려준 탁자와 의자 등 대대로 내려오는 물건이 귀한 대접을 받았어. 가난하고 물자가 부족한 탓도 있었겠지만 손때 묻은 물건, 추억이 깃든 물건을 간직하는 건 뜻 깊고 자랑스러운 일이기도 했지.

하지만 자본주의는 대량 생산과 대량 소비로 굴러가는 체제야. 쉽게 말해 많이 만들고 많이 쓰고 많이 버려야 돈을 벌고 자본주의가 굴러가게 되어 있지. 그러면 회사가 더 커지고 사람도 더 많이 고용할 수 있어. 끊임없이 신제품, 업그레이드 버전이 나오는 건 무엇을 의미할까? 이전 것은 버려라, 새로운 기능을 쓰고, 새로운 패션을 걸쳐라. 유행에 뒤처지면 큰일 나니까.

"문명이란 사실 불필요한 생활필수품을 끝없이 늘려 가는 것이다." 미국 작가 마크 트웨인의 말이야. 이 말이 얼마나 맞는 말인지는 우리 집 거실만 둘러보아도 알 수 있지. 우리는 새 것과 다름없는 물건이라도 싫증나면 버리고 바꾸어 버리는 방식에 길들여졌어. 광고는 우리에게 끊임없이 속삭여. 넌 부족해. 불만족스러워. 더 소비해야 돼. 이것도 걸쳐야 되고 저것도 갖춰야 해. 남들은 있는데 너만 없네. 뭔가 더 가져야 행복해져. 광고를 볼 때마다 우리는 꼭 필요하지도 않은 물건을 사들이게 돼. 그런 것을 사려면 돈이 필요하니까 또 열심히 일을 하고.

Charging Bull(돌진하는 황소)은 월스트리트의 황소로도 불리는 청동 조각상이야. 이 조각상은 뉴욕시 맨해튼의 금융 지구인 브로드웨이 북쪽의 볼링 그린 근처에 서 있어. 금융 낙관주의와 자본주의, 번영의 상징인 황소를 묘사하고 있지. 그리고 2017년 그 반대편에 Fearless Girl(두려움 없는 소녀)이라는 동상이 세워졌어. 여성 인권 신장을 상징하는 조각상이지만 자본주의의 폐해에 대항하는 모습이라는 생각도 들어.

그렇게 벌어들인 돈으로 또 열심히 사들이고 얼마 후 쓰레기로 내버리지.

　사람들은 무분별한 소비에 대해 부담을 느끼고 있어. 우리의 소비가 불러오는 탄소 배출과 쓰레기에 대해 고민하기 시작했지. 물건을 소비한다는 것은 원자재 구매, 생산, 포장, 운반, 소비, 쓰레기 처리까지 모든 과정에서 환경에 큰 부담을 주고 있어. 명품 백이나 귀금속을 사는 것만이 사치가 아니야. 환경 관점에서는 쓰지도 않을 싸구려 플라스틱 쪼가리를 사서 쌓아 두거나 버리는 것도 사치야.

이제 소비는 그저 좋은 물건을 싸게 사는 것으로 끝이 아니야. 소비는 윤리와 연결되어 있어. 환경을 생각하는 소비자들은 필요하지 않은 물건을 덜 사고 덜 쓰기 시작했어. 또 물건을 살 때는 임금 착취나 아동 노동 없이, 자원 남용이나 환경 오염 없이 만든 것을 선택해.

다람쥐에게 도토리가 없는 숲이 두렵고, 기업은 손님이 없는 게 두려워. 기업으로서는 물건을 사 주지 않는 것처럼 두려운 게 없어. 환경을 망가뜨리면서 이윤을 추구하는 회사가 있다면 어떻게 해야 할까. 소비자의 힘을 보여 줘야지. 환경 파괴의 대가로 상품을 파는 기업들이 돈을 못 벌게 하고, 환경을 자기 일처럼 걱정하고 친환경 제품을 만드는 기업이 살아남고 더 성장하게 하는 거야.

환경을 위한 삶은 개인의 삶의 방식과 연결되어 있어. 소비에서 삶의 기쁨을 얻기로 한 사람이 있어. 이들은 많이 벌어서 많이 쓰는 데서 즐거움을 느끼지. 물건을 소유하는 것보다는 자연을 누리고 삶의 여유나 예술을 추구하는 사람도 있겠지. 환경을 위해 우리 삶의 의미와 목적을 새롭게 정의하는 과정이 필요해.

미국의 철학자이자 시인이자 수필가이면서 생태주의자였던

헨리 데이비드 소로에 대해 들어 본 적 있어? 소로의 대표작은 『월든』인데 저자가 1845년 7월 4일부터 1847년 9월 6일까지 2년 2개월 남짓 동안 미국 월든 호숫가에 오두막을 짓고 홀로 산 체험을 기록한 책이야. 남에게 의존하지 않고 자급자족의 삶을 실천한 소로의 자서전으로 널리 읽혀 온 이 책은 환경 파괴를 우려하는 사람들 사이에서 생태주의적 삶의 지침서로 재조명을 받고 있어. 그가 남긴 명언을 몇 가지 알려 줄게.

　인간은 자기가 만들어 낸 도구의 도구가 되었다.
　잔물결 소리에 귀 기울이는 사람은 무슨 일이 있어도 절망하지 않는다.
　이 시대의 문제점은, 목적의 개선은 전혀 이루어지지 않고 수단의 개선만 끊임없이 이루어진다는 데 있다.

　그의 오래된 말은 지금의 우리에게도 큰 울림을 주고 있어. 그의 책 『월든』을 꼭 한번 읽어 봤으면 좋겠어.

대표적인 탄소 제로 도시인 독일의 프라이부르크에서는 태양광이나 태양열을 활용하여 난방을 하고, 미국의 루이지애나 폴크에서는 4,000여 가구의 냉난방 및 온수를 지열을 이용하여 공급하고 있다.

: Zero-carbon city, 우리가 살게 될 미래

네옴시티는 사우디아라비아의 빈 살만 왕자가 추진하고 있는 신도시야. 사막 한가운데에 500m 높이의 건축물이 170km로 연속해서 늘어선 이 미래 스마트 도시에서는 신재생 에너지만 100% 사용될 예정이야. 자동차가 필요 없고 날아다니는 택시와 전기 고속철이 다녀. 탄소 배출은 0이야.

공상과학 소설에나 나올 것 같은 이 도시가 실현 가능할지 모르지만 그런 것을 꿈꾸고 목표로 세웠다는 것은 높이 평가할 만 해. 탄소를 전혀 배출하지 않고 깨끗한 에너지만 쓰는 현대적인 도시를 인류가 도달해야 할 목표로 삼기 시작했다는 것은 의미 있는 일이야. 일단 목표를 세워야 행동이 따르는 거니까. 그러한 꿈들이 실현된 미래의 세계를 상상해 볼까?

세계는 탄소 제로를 넘어서 탄소 마이너스의 시대로 접어들었다. 화석 연료는 화학제품 생산에 일부 쓰이지만 더 이상 교통

네옴시티는 사우디아라비아의 북서부 홍해 인근 사막에 건설되는 미래형 신도시 프로젝트로, 무함마드 빈 살만 왕자가 추진하고 있는 사업이야. 석유 생산에만 의존했던 사우디의 경제 구조를 첨단 제조업 중심으로 바꾼다는 목표로 추진되고 있어.

수단의 연료는 아니다. 사람들은 태양 에너지로 100% 충전한 전기 차를 타거나 수소 에너지 혁신으로 효율이 수백 배 높아진 수소 차를 타고 다닌다. 어차피 메타버스에서 일하고 공부하기 때문에 이동할 일이 많지 않다. 우리 집 안방에서 메타센서를 머리와 전신에 걸치면 순간 이동을 한 것이나 마찬가지다. 바로 옆에 홀로그램 상태로 친구나 동료가 앉아 있다. 악수를 하면 촉감까지 느껴진다. '얘는 왜 손에서 땀이 나지.' 실제 만나는 것과 큰 차이가 없다.

인류는 뭔가를 태워서 에너지를 만들던 시기를 암흑기로 기억한다. 대도시 건물 옥상마다 태양전지가, 바다에는 해상 풍력 발전소가 설치되어 있다. 스마트 전력망을 통해 바람과 햇빛이 많을 때면 쓰고 남은 전기를 에너지저장장치(ESS)에 저장해 놓고 두고두고 쓴다. 바람 씽씽 부는 날엔 풍력, 햇빛 쨍쨍할 땐 태양광, 이도저도 아닐 땐 지력 발전을 쓴다.

산업 전기는 우주 태양광 발전으로 공급한다. 거대한 태양광 패널을 대기권 밖에 설치했다. 매연도 없고 찌꺼기도 없는 청정 에너지다. 청정 에너지가 펑펑 남아돌다 보니 프랑스에 있던 인류의 마지막 원자력 발전소는 2077년 가동을 멈추었다.

사막은 사라졌다. 바닷물을 담수로 바꾸어 땅속 파이프로 사막에 계속 공급하는 프로젝트가 성공했다. 사하라 사막의 일부는 다시 녹지가 되었고 이전의 건조 지역은 울창한 밀림으로 탈바꿈했다.

서울은 한때 아스팔트의 도시였지만 이제 자연이 완전히 복원된 도시다. 메타버스 시대 이후 인구는 지방 곳곳에 분산되었다. 녹지와 습지는 이전의 3배로 늘어났다. 많은 이들은 이제 아파트 대신 정원과 연못이 있는 집에 산다. 마루에 앉아 있으면 마당에 여우, 사슴, 청설모가 들락거린다.

한국이 통일되기 전 남북이 대치했던 비무장지대(DMZ)는 이제 세계 3대 동물보호구역의 하나다. 전 세계적으로 동물보호구역이 50만 곳 이상 설치되었다. 멸종 위기였던 동물들은 다시 왕성하게 번성하기 시작했다. 뒷마당에서 자주 마주친다(호랑이와 늑대는 제발 오지 마). 동물원은 사라졌다. 대신에 사람들은 대도시 근처 어디에나 있는 생물보호구역에 가서 자유롭게 풀어놓은 동물들을 볼 수 있다. 고래들과 바다 생물들을 보려면 해저 도시로 가면 된다. 하늘에 있는 새들을 바라보듯 해저 도시 돔 위로 지나다니는 바다 생물들을 구경할 수 있다.

많은 사람들은 콩과 여러 곡물로 만든 인공 고기를 먹는다. 블라인드 테스트를 하면 진짜 소고기, 닭고기와 구분을 못 할 정도이다. 서울 곳곳에는 50층짜리 버티컬팜이 건설되어 있다. 이 수직 식물공장 20여 곳에서 서울 인구 전체가 먹고도 남는 채소와 과일이 유기농으로 생산된다. 작물 생산에 쓰이는 에너지는 물론 100% 태양광이다.

한편 한국의 김휘소 박사는 물에서 녹고 흙에서 썩는 완전 생분해 플라스틱을 개발해 2093년 노벨화학상을 받았다. 플라스틱 쓰레기에서 해방된 지구는 제 모습을 되찾았다. 바다는 수정처럼 맑아졌다.

2123년 탄소 마이너스가 된 지 30년이 흐르자 하늘은 파란빛을 되찾았다. 스모그 지옥이었던 인도 델리 한복판에서 은하수를 본다. 델리 토박이인 비쉬누 씨의 얼굴에 눈물이 흐른다. "우리 증조할머니는 스모그로 돌아가셨죠. 고조할머니는 코로나19로…." 그러면서 생수통을 갠지스 강에 담가 가득 채운다. 갠지스 강물을 떠서 마신다고? 이런 꿈같은 세상이라니….

참, 남태평양 섬 이야기를 빠뜨릴 뻔했다. 해수면 상승은 계속되었지만 결국 70cm에서 멈췄다. 불행 중 다행으로 남태평양의 섬들은 둥둥 떠 있는 플로팅 시티로 변신했다. 태양열로 전기를 만들고 하수는 식물 거름으로 쓰고 에어컨 대신 심해 냉수로 열기를 식히는 친환경 도시다. 하지만 사람들은 몰디브 플로팅 시티를 굳이 찾지 않는다. 은빛 바다는 어디에나 있으니까.

탄소 문제가 하나도 없는 서울이라니. 꿈같은 세상이지. 아무래도 지금의 어른들은 이런 세상에서 살아 볼 수 없을 거야. 하지만 어린이들은 이런 세상을 누리게 될지 몰라. 이게 정말 가능할지 의심스럽다고? 인류가 온 힘을 짜내어 노력한다면 또 모를 일이지. 하늘을 나는 것, 우주로 나가는 것, 가상현실과 메타버스를 넘나드는 것, 인공지능이 상용화되는 것, 이런 모든 기술도 한때는 꿈같은 상상이었다는 것만 알아 둬.

생태중심주의

인간과 자연과의 관계에서, 인간을 자연의 일부분으로 간주하고 인간을 포함한 자연 전체의 균형과 안정을 중시하는 관점이다.

: 지구를 존중하는 마음

우리는 '자원'이라는 말을 많이 써. 심지어 사람도 인적 '자원'이라고 부르지. 자원이란 우리가 어떤 목적을 위해 얻거나 만들어 내는 것을 의미해. 사람이 보기에 자연은 온갖 자원으로 가득 들어차 있고 어떻게든 꺼내고 짜내어 써먹어야 하지.

지구를 바라볼 때 그 장엄함에 감탄하는 사람이 있어. 하지만 어떤 사람의 눈에 지구는 온통 '자원'으로 보여. 지구를 어떻게든 이용해서 잘 먹고 잘 살겠다는 생각만 하는 거지. 특히 어떤 기업은 자연을 이윤으로 바꾸려는 생각으로 가득해. 자원의 효용가치를 남김없이 쓰고 싶어 하지. 하지만 때로 우리는 지구를 다른 관점에서 볼 필요가 있어.

지구는 이용만 하는 자원이 아니라 그 자체로 목적이야. 자연과 생태는 경제적 가치를 위해, 돈을 불리기 위해 파내고 이용해야만 하는 대상이 아니라 그냥 우리 곁에 있는 그 모습 그대로 가치 있는 것이지. 이윤을 내기 위해 자연을 헤집고 오염시키고 없애는 일은 이제 멈추어야 해.

생태 중심주의는 인간과 자연과의 관계에서, 인간을 자연의 일부분으로 간주하고 인간을 포함한 자연 전체의 균형과 안정을 중시하는 관점이야. 생태 중심의 반대말은 인간 중심이라고 할 수 있지. 인간 중심주의에서 자연은 정복과 지배 대상이야. 인간 중심주의의 결과는 지금의 병든 지구의 모습이라고 할 수 있을 거야. 환경이 망가지기 시작한 시점을 산업화가 시작된 1850년으로 보고 있는데, 어떻게 그렇게 짧은 시간 동안 지구는 이토록 망가졌을까?

사람들은 자기가 우주 또는 최소한 지구에서 주인공이라고 생각해. 늑대, 사슴, 풍뎅이, 전나무, 강과 호수는 무대 장식이나 소품이고 인간만이 엄청 우월하다고 생각하지. 하지만 생태계

덴마크에 있는 스트로베일 하우스의 모습. 스트로(straw)는 볏짚, 밀짚, 보리짚 같은 짚이야. 베일(bale)은 가축용 사료로 쓰기 위해 직육면체로 짚단을 압축해 묶어 놓은 거지. 즉, 짚을 벽돌 모양으로 압축한 것이 스트로베일이야. 스트로베일 하우스는 말 그대로 볏짚으로 지은 집이야. 스트로베일 하우스의 최대 장점은 친환경성이야. 내, 외장재를 제외한 집의 거의 모든 구조를 자연 재료로 만들어 인체에 유해한 환경 물질을 전혀 내뿜지 않고, 단열성과 통기성이 뛰어나. 자재가 비싼 단점도 있겠지만 지구를 위한 친환경적인 시도라는 점에서 관심을 기울일만 해.

의 눈으로 보면 인간은 수백만 생명체 중 하나의 종에 지나지 않아. 누가 더 우월하다 열등하다 할 수 없고 함께 어울려 살아가야 하는 종이야.

인간이 자연의 일부라면 자연을 지배 대상으로 삼기보다 조화를 이루어야 해. 어떤 이들은 문명을 버리고 원시 상태로 돌아가자고 말하기도 해. 하지만 도시에 살던 우리가 갑자기 달구지를 끌고 당나귀를 타고 다니는 건 엄청 어려운 일일 거야. 우리는 흙벽돌로 집을 짓거나 창으로 저녁거리를 사냥하는 법도 몰라. 반딧불이를 잡아다 공부를 할 수도 없어. 그렇게 할 반딧불이도 없지. 자연을 지키기 위해 인간 문명을 포기할 필요는 없어. 그저 이쯤에서 파괴를 멈추고 자연을 존중해 주기로 마음을 고쳐먹는 것부터 시작하는 거야.

인간 중심주의로 똘똘 뭉친 사람들은 이렇게 말해. "환경 위기가 심각하다고요? 걱정하지 마세요. 더 진보된 과학과 고도화된 기술로 환경 문제를 해결할 수 있어요." 물론 우리의 기술과 문명은 잘 활용만 한다면 자연을 보호할 수 있는 수단이 될 수도 있어. 하지만 그보다 더 중요한 건 자연을 건드리지 않고 내버려 두는 거야. 자연을 갈아엎는 인간의 활동을 중단하는 거지. 자연의 본모습이 새록새록 살아나도록.

어떤 사람들은 더 비싼 돈을 지불하고 유기농 과일과 채소를 사 먹어. 유기농(有機農, organic farming)은 자연의 모습을 바꾸지 않고 있는 그대로 두어 경작한 방식이야. 잡초와 해충을 자연의 방식으로 막고 농약을 치지 않아. 이런 농작물은 곤충, 미생물, 토양과 어우러져 공생하는 거야. 우리도 유기농 당근과 유기농 호박처럼 자연과 조화를 이루며 살면 돼. 그러면 자연은 본래의 균형 잡힌 아름다운 모습으로 돌아오게 되지.

닫는 글

　큰 배를 지었던 어떤 사람의 이야기 들어 본 적 있어? 이 사람은 산꼭대기에 길이 130m가 넘는 배를 짓기 시작했어. 동네 사람들이 엄청 비웃고 비난했지. 어느 날 갑자기 대홍수가 일어나 온 세상이 망한다는 이야기를 하면서 배를 짓기 시작했거든. 하나님의 명령이라나. 이렇게 해가 쨍쨍한데. 하나님의 명령을 받은 한 사람과 그 가족들은 묵묵히 배를 완성했어. 마침내 때가 되자 그 사람의 가족과 동물들이 배에 올라탔어. 그러자 땅속의 물이 샘솟고 하늘에서 물이 덩어리째 쏟아졌어. 40일 동안 쉬지 않고 비가 내려 온 땅이 물에 잠길 때 산 위에 봉긋 솟아 있던 큰 배를 떠올린 사람들도 있었을 거야. 하지만 이미 때는 늦었지. 성경 〈창세기〉에 나오는 노아의 방주 이야기야.

세계의 과학자들과 환경 활동가들은 기후 위기를 경고하는 목소리를 높이고 있어. '기후 위기 해결에 동참해 주시지 않을래요?' 이렇게 사근사근 말하는 게 아니라 사이렌을 엥엥 울리며 '긴급상황, 비상입니다!'라고 외치고 있지. 지구가 뜨거워지고 대량 멸종이 일어나고 있으니 만사를 제쳐 놓고 지금 바로 행동에 나서야 한다는 거야. 이렇게 가다가는 지구 문명이 무너질 거라면서. 앞에서 이야기한 노아가 그랬던 것처럼.

과학자들은 차곡차곡 쌓아 놓은 통계와 증거를 흔들어 보이지. 그런데도 여전히 과학자들의 말을 귓등으로 듣고 느긋한 사람들이 많아. 심지어 기후 변화가 거짓말, 음모라고 주장하기도 하지. 또 어떤 사람은 환경도 중요하지만 일단은 먹고 사는 문제가 더 중요하다고도 말해. 하지만 그런 사람들이라고 100년 만의 폭설, 200년 만의 홍수, 300년 만의 가뭄을 피해 가진 못하지. 기후 위기는 현재 진행형이야. 환경 재난은 종류별로 골고루 우리를 덮치고 있지.

그럼에도 좋은 소식은 인류가 기후 위기에 대항할 과학과 기술력을 보유하고 있다는 사실이야. 인류는 상상하는 것을 만들어 내는 능력이 탁월해. 재생 에너지를 만드는 기술, 탄소를 줄이거나 가두는 기술, 친환경 운송수단 등 온갖 기술들을 개발해 놓았지. 인류가 생산해 내는 부와 자원은 엄청나. 그 일부를 쏙 빼서 기후 위기에 쓰기로 결단하면 돼. 또 인류는 한다면 하는 종족들이지. 일단 마음을 먹으면 세상을 엄청 빠르게 바꾸어 놓는 능력이 있어.

나쁜 소식은, 시간이 얼마 남지 않았다는 거야. 주저하고 뜸 들이고 핑계 댈 시간이 없어. 당장 행동하지 않으면 다음 기회는 없을지도 몰라. 이 모든 것을 바꿀 수 있는 마지막 기회가 아직 남아 있다는 걸 다행으로 생각해야겠지.

생태경제학자인 케네스 볼딩 교수는 우리가 '지구호'(Spaceship Earth)에 타고 있다고 했어. 지구 자체가 우주를 떠다니는 하나의 우주선이라는 거지. 이 우주선은 80억 명의 탑승자를 태우고 초속 30km로 태양 주위를 돌고 있어. 우리에게 믿을 거라곤 이 우주선 하나뿐인데 환경 오염, 자연 고갈, 대량 멸종으로 아프고 고장 나서 털털 거리고 있어.

사람들은 이 우주선 지구호를 넓디넓다 못해 무한한 곳으로 생각해. 우주선 안의 내용물을 다 퍼내어 쓰고 쓰레기로 가득 채워도 버텨 낼 수 있다고 믿지. 하지만 지구는 더 이상 버틸 수 없다고 기상 이변을 통해 몸부림을 치고 시그널을 보내고 있어. 우주의 시점에서 보면 지구는 가냘프고 부서지기 쉬운 작은 행성이야. 우주선을 잘 정비해서 고장이 안 나도록 해야지. 인류의 후손들도 계속 이 지구호를 타고 우주를 항해할 수 있도록.

지구를 살리는 십자 낱말 퍼즐

가로

❶ 특정 기준에 의해 개체수가 극단적으로 감소하여 멸종이 될 가능성이 매우 높은 동식물군.

❷ 쉽게 원하는 모양으로 가공할 수 있다는 의미의 그리스어 플라스티코스 (plastikos)에서 유래했으며, 열과 압력을 가해 성형할 수 있는 합성수지이다.

❸ 환경 파괴의 새로운 주범으로 이것 하나를 전송하는 데 이산화탄소 4g이 발생한다.

❹ 북극곰과 회색곰의 이종교배에서 태어난 새로운 종이다.

세로

① 인간에 의한 현재 진행형의 대멸종을 말한다.

② 기후 위기를 초래한 집단이 아닌 책임이 적은 집단이 기후 위기로 인해 더 큰 피해를 보는 상황을 일컫는다.

③ 이것을 만들기 위해 야자열매 기름인 팜유를 엄청나게 소비하고 있다. 전 세계적으로 사랑받는 음식이며 한국의 이것은 특히 더 인기가 많다.

④ '식량 수송 거리'라는 의미로 농산물 등 식료품이 생산자의 손을 떠나 소비자의 식탁에 오르기까지의 이동 거리를 말한다.

책을 꼼꼼히 읽었다면 누구나 풀 수 있는 낱말 퍼즐을 준비했어.
정답은 QR 코드를 찍으면 보일 거야. 성급하게 QR부터 찍는 친구들은 없기를!

	①								
			❷		②			⑤	
						❸			
❶				❹					
		③				❺		④	
		❻							

가로

❶ 에너지 중 하나이며 원자핵의 반응을 이용하여 만드는 에너지로, 제3의 불이라는 별명으로도 불린다.

❷ 불필요하거나 쓸모가 없어서 버려야 될 것을 통틀어서 부르는 말이다.

❸ 일본의 한 섬으로 2011년 3월 11일 동일본 대지진으로 인한 쓰나미로 인해 원자력 발전소 사고가 일어났다.

❹ 뉴질랜드에서 생산되는 과일로 푸드 마일리지가 꽤 높다.

❺ 종이로 만들어진 일회용 컵.

❻ 살아 있는 유기체 간의 상호작용이 이뤄지는 체계라고 볼 수 있다.

세로

① 개인 또는 단체가 직접·간접적으로 발생시키는 온실 기체의 총량을 의미한다.

② 지구온난화와 기후 변화, 그리고 그 영향을 통틀어 설명하는 용어이다.

③ 낡거나 못 쓰게 된 물건을 가공하여 다시 쓰게 하는 것을 뜻하는 말이다.

④ 컵 형태의 작은 용기에 포장된 라면.

⑤ 지구에서 만들어지는 산소의 약 3분의 1을 생산해 내는 곳으로 지구의 허파라고도 불린다.

지구를 살리는 환경 단체

녹색연합 greenkorea.org

녹색연합은 1991년 창립하여 우리나라 자연을 지키는 환경단체다. 주요 생태축인 백두대간과 DMZ를 보전하고 야생동물과 그들의 서식지를 지키는 일을 하고 있다. 기후 위기를 가속화하는 현장을 감시하며 에너지가 정의로운 세상, 쓰레기가 없는 지구, 자연과 사람이 조화로운 사회를 그려 가는 목표가 있다.

지구의 벗 friendsoftheearth.uk

지구의 벗은 1969년에 세워져 75개국과 함께 지속 가능한 미래를 만들기 위해 노력하는 선도적인 환경 단체다. 풀뿌리 캠페인과 법적 조치를 통해 기후 정의를 위해 싸운다. 석유기업 쉘의 그린워싱을 적발해 내기도 했다.

세계자연보전연맹 멸종 위기종 적색목록 iucnredlist.org

1964년에 설립된 국제자연보전연맹의 멸종 위기종 적색목록은 동물, 균류, 식물종의 지구적 멸종 위험 상태에 대한 세계에서 가장 포괄적인 정보를 제공하는 사이트이다. 우리나라의 멸종 위기종들도 검색이 가능하다.

클리마투스 컬리지 climatuscollege.org

클리마투스 컬리지는 대한민국의 기후 변화 대응 청년 플랫폼이다. MZ세대의 기후 변화 인식 제고 및 기후 행동 변화를 이끄는 것을 목표로 한다. 2019년부터 환경 무가지 매거진을 제작하여 복합문화공간에 보급하고 있다.

뉴스펭귄 newspenguin.com

전 세계적인 멸종과 기후 위기에 집중해서 솔루션을 모색하는 뉴스매체. 국내외 연구기관들과 협업을 통해 기업들의 기후 행동을 점검하고 평가함으로써 기후 대응 실천에 기여하고 있다.

프레셔스 플라스틱 ppseoul.com/mill

프레셔스 플라스틱(PRECIOUS PLASTIC)은 오픈 소스로 공개된 도면을 활용하여 플라스틱 가공 기계를 제작해 누구나 쉽게 폐플라스틱의 업사이클링에 참여하도록 하는 글로벌 커뮤니티다. 분쇄기, 압출기, 사출기, 압축기 등의 작업 기계 도면을 오픈 소스로 제공하고, 전 세계 사람들이 참여하는 커뮤니티에서 재료 및 플라스틱 업사이클링 제품을 거래하거나, 서로의 노하우를 나눌 수 있다.

서울환경연합 seoulkfem.or.kr

서울환경연합은 1988년부터 우리나라의 환경을 지켜 온 가장 오래된 환경 단체다. 정부와 기업을 감시하고, 국내 54개 지역 및 국제 단체와 연대하며, 정부 정책 제안, 캠페인, 환경 피해자 지원 등의 활동을 하고 있다.

플라스틱 프리 활동가 고금숙 instagram.com/kokumsook

대학에서 여성주의 교지를 만들면서 에코페미니즘을 접하고 일상을 '다르게 살기 위해' 환경단체에서 일을 시작했다. 10년 동안 여성환경연대에서 유해물질과 건강을 다루며 대형 마트 영업시간 제한, 생리대 유해물질 이슈화, 화장품 미세플라스틱 사용금지 등의 성과를 이뤄냈다. SNS 활동을 통해 제로 웨이스트 샵을 대중들에게 알리고 일상에서 환경 운동을 실천하는 일들을 하고 있다.

녹색교육센터 greenedu.or.kr

환경교육전문기관으로 교육 활동을 통해 생명의 소중함을 널리 알리고 녹색 사회를 만드는 데 기여하고자 설립되었다. 녹색교육센터가 지향하는 녹색교육은 세대·인간·자연 간의 평화로운 공존을 위하여 시민들과 함께 건강한 녹색철학과 생활방식을 함께 나누고, 생태문화 감수성을 높이는 교육 운동이다.